现代职业教育教师专业化发展丛书

XIANDAI ZHIYE JIAOYU JIAOSHI ZHUANYEHUA FAZHAN CONGSHU

职业教育教师教学手册

丛书主编　赵志群　张　元

编　著　赵志群　白　滨

北京师范大学出版集团

BEIJING NORMAL UNIVERSITY PUBLISHING GROUP

北京师范大学出版社

图书在版编目(CIP)数据

职业教育教师教学手册/赵志群，白滨编著.—北京：北京师范大学出版社，2013.5(2023.1重印)
(现代职业教育教师专业化发展丛书)
ISBN 978-7-303-15921-5

Ⅰ.职… Ⅱ.①赵…②白… Ⅲ.①职业教育—教学研究—手册 Ⅳ.①G712-62

中国版本图书馆 CIP 数据核字(2013)第 019790 号

教 材 意 见 反 馈 gaozhifk@bnupg.com 010-58805079
营 销 中 心 电 话 010-58802755 58800035

出版发行：北京师范大学出版社 www.bnupg.com
北京市西城区新街口外大街 12-3 号
邮政编码：100088
印　　刷：北京虎彩文化传播有限公司
经　　销：全国新华书店
开　　本：787 mm×1092 mm　1/16
印　　张：13
字　　数：265 千字
版　　次：2013 年 5 月第 1 版
印　　次：2023 年 1 月第 7 次印刷
定　　价：19.80 元

策划编辑：王　琬　　　　　　责任编辑：王　琬
美术编辑：高　霞　　　　　　装帧设计：国美嘉誉
责任校对：李　菡　　　　　　责任印制：陈　涛

　　本书为教育部人文社会科学研究项目"高等职业教育工学结合课程的开发与实施研究"(09YJA880015)的成果,并得到了北京师范大学教育学部985项目以及德国技术合作机构(GIZ)的支持。

总　序

　　一个国家或地区的经济、技术和社会创新能力的高低，与该地区相关教育机构的能力建设与人员素质有着密切的联系。随着技术和社会的快速发展，系统化的职业教育、情境学习和隐性知识的获取，成为一个综合化的能力发展过程，并由此引发了职业教育教学内容、教学方式和教育技术的变化，这对职业教育教师的素质提出了更高的要求。包括职业教育教师在内的人力资源开发专业人员，已经成为21世纪的"关键性职业"。促进职业教育教师职业的"专门化发展"(professiona-lisation)，已经成为许多国家特别是工业化国家的共识。

　　我国职业教育教师职业是随着职业学校的建立而产生和发展的。1904年，清政府颁布《奏定实业教员讲习所章程》，对不同领域和层次职业教育教师培养做出了规定。尽管当时所要求的教育水平并不高，但与当时中国的国民教育水平相比，已经是较高要求了，这对中国职教师资队伍的发展起到了积极的作用。在职教教师职业发展过程中，黄炎培起了重要作用。他主张的大职业教育主义，要求职教工作者参加改革社会的政治活动，改革脱离生产劳动和社会生活的传统，使职教教师的"职业轮廓"(profile，也称为职业描述)超越了简单的传授专业知识技能的范畴，对(参与)政治制度和社会发展设计提出了更高的要求。

　　然而直至今日，我国职教教师的专业化发展并不顺利，这主要表现在：很多教师都是转行而来，新增教师来源多种多样，缺乏权威性的专业化门槛；专业课教师比例较低，兼职教师没有专业化资格要求；等等。其结果是，职业教育教师职业对很多优秀人才缺乏吸引力，职教教师队伍的整体水准很难根本性地得到提高。要想彻底解决这一问题，实现教师职业的专业化是一个重要途径。

　　"职业的专业化"是一个社会学概念，指一个职业行为向社会公认的高度专业化的职业过渡的过程。专门化职业，即profession，不同于其他一般性的职业(vo-cation或occupation)，特指那些专业能力要求较高，由于劳动组织方式固定而能力构成明确的社会职业群体，典型的如医生和律师。职业的专业化是通过特别(高)

的教育程度、特殊的社会威望和社会影响实现的,它需要具备特定的专业权威性和系统化知识,能够提供独立而可信的服务,具有满足专门要求的职业道德,较强的社会职业组织性和特别的收入等。

　　西方对教师职业的专业化的讨论起源于 20 世纪中叶,如美国国家教育协会曾提出专业化教师的八项标准,包括"高度的心智活动、具有特殊的知识领域、专门的职业训练、不断在职进修和有健全的专业组织"等①。目前,对职教教师职业的专业化发展途径大家有不同的认识,如有的强调对职业教育环境与教育过程的理解和强化,认为只有在此基础之上教师才能设计出高质量的教育教学情境和教学过程;有的强调将教育理念与专业和教育学知识与技能相结合的能力;有的则建议引进和实施系统化的、与教师职业的典型工作任务(professional task)相对应的专门化的教育培训。在此,肯定没有唯一的途径,也不会有唯一正确的途径。这里所需要的,是广大教师和相关教师培养培训工作者的共同努力,包括理论探索和理性的实践。

　　基于以上认识,我们将职业教育教师能力发展的相关文献,特别是教师在工作中直接需要的材料和它们的实践经验(lessons lernt)结集出版,建立了这套系列丛书,以期为教师的实际工作提供帮助,也为相关研究提供一些经验性基础。我们期盼着当代职业教育教师的专业化发展能够迈上一个新的台阶。

北京师范大学职业与成人教育研究所　赵志群(所长,教授)
天津职业技术师范大学职业教育学院　张元(院长,研究员)
2012 年 8 月,北京

---

① National Education Association. The Yardstick of a Profession, Institute on Professional and Public Relations. Washington D. C. , NEA, 1948

序　言

近年来,在各级政府的大力支持和广大教师的积极努力下,职业技术教育事业取得了长足的进步。艰苦曲折而又丰富多彩的职业教育实践,造就了大批勇于探索、开拓创新的职业教育教师、教学研究及管理工作者。他们通过努力,不但为我国经济建设培养了大批高素质的技能人才,而且在教育教学实践中也积累了丰富的经验。然而,针对职业院校学生群体,他们却始终面临着如何提高学生的学习兴趣,如何提高教学效率并最终提高教育教学质量等一系列难题。

目前,有关职业教育的教学已经有很多成果,但是在职业教育的教学实践中具有系统理论指导,实用性和操作性都比较强的读物却不多见。在一些国际合作项目中,尽管引进了很多先进而且富有成效的方法和理念,但是往往随着项目结束而没有得到应有的推广。

本书作者多年来一直从事职业教育教学研究和相关国际合作项目的工作,在涉及广泛的职业教育教师培训活动中,特别是在与德国政府的 GTZ/GIZ 技术合作项目中,获得了大量经验。本书系统收集了作者在中德职业教育合作项目及相关培训活动中积累的成果,分别针对职业学习的基本知识、职业教育的教师、培训的组织实施、参与式培训、课程开发、教学方法、质量监控和教学媒体与技术等 8 个主题进行阐述,可为职教教师的日常教学及其相关辅助工作提供参考。作者没有追求理论的严谨性和系统化表述,但是作者扎实的专业理论基础以及丰富的职业教育国际合作经验,还是保证了本书内容的先进性,从而可为广大职教教师的教学实践和教学改革提供有益的帮助。

国家大力发展职业教育,培养和培训高水平的职教师资是关键。加强职教师资培养与培训的理论研究和学习非常重要,特别是体现职业教育先进理念的教学方法更为重要。希望本书的出版,能为职业院校及培训机构的教师和管理人员的教学组织、实施和改革工作提供有价值的工具,并祝愿广大教师在教学改革中取得更大的进步。

中国职业技术教育学会副会长
职教师资专业委员会主任
天津职业技术师范大学校长

2013 年 2 月 6 日,天津

出版说明

本书为职业教育教师的日常教学及其相关辅助工作提供基本参考材料。它采用简短形式，针对 8 个模块的 60 多个重要主题进行了简短介绍。这 8 个模块是：

- 职业学习的基本知识，
- 职业教育的教师，
- 培训的组织实施，
- 参与式培训，
- 课程开发，
- 教学方法，
- 质量监控，
- 教学媒体与技术。

每个主题的内容都是职业教育教师（和培训师）在日常教学工作中经常涉及的知识或经验总结，相互之间有内容上的联系，但不求系统和全面的阐述。

本书是作者在职业教育教师教育和培训活动中积累的资料，其中很多是在与德国技术合作机构（GIZ），即原来的德国技术合作公司（GTZ），合作进行的教师发展措施中收集的材料。在此，特别感谢原中国西部地区职业教育和就业促进项目、中德合作下岗妇女再就业项目、中德江西省职业教育促进就业项目、职业技术教育中心研究所、天津中德职业技术学院等的支持。特别感谢原德国技术合作公司的Dr. Michaela Baur、Dr. Mechthold-Jin、Prof. Dr. Gerd Diethelm 和李欣以及相关工作人员孟逊之、宋蓉、唐以志、许英和张治中等的支持。很多资料经过多次使用、修改、补充和删节，已经无法完全找出其原始文献的出处了，在此谨向原作者表示深深的谢意并恳请提醒，以便再版时补充。感谢辜东莲从教师培训角度提出的意见和建议。

希望本书的出版，能为职业院校及培训机构的教师和管理人员提供一个有操作性的工具。文中的不足和错误之处，还请广大读者不吝赐教。

作者
2012 年 5 月 16 日，北京

目录

专题一 职业学习的基本知识

● 学习与学习规律

学习是主体与环境相互作用所引起的能力行为倾向的相对持久的变化。当人们想有更多的选择、采取不同的行为方式或建立对自己有利的特定环境时，就必须学习。人在学习中需要的基本能力是：

> ➤ 能够感觉处在一个什么样的环境里；
> ➤ 能评价一个事件产生的后果是有益的还是有害的；
> ➤ 能记忆一个事件，并能评估它产生的影响与后果；
> ➤ 能对不同的行为有所反应。

1. 学习的原则

职业教育与培训应促进学习者有效的学习，这是学习心理学关注的焦点。下面所提出的学习的基本原则，特别关注职业学习过程中的心理因素，而不仅仅是条件反射和生理因素。这些原则包括：

> ➤ 学习的实质：如果想从现有信息和经验中刻画出一个目的明确的过程，那么对综合课题的学习是最为有效的。
> ➤ 学习目标：成功的学习是不断获得支持和指导，创造出有价值的、系统的和有普遍意义的知识。
> ➤ 知识构建：成功的学习者能用有意义的方法把新信息和已有知识联系起来。

➢ 战略性思维：成功的学习者能使用思维战略，通过推理达到综合性学习的目标。

➢ 对思维方式的思考：对思维战略进行理性的选择和监控，能推动创造性和鉴别性思维的发展。

➢ 情境性原则：学习受外部环境因素的影响，包括文化、技术以及教育实践等方面。

➢ 动机和情绪影响：学什么和学到多少受到学习者动机的影响；而学习动机又受到学习者个人情绪、信仰、兴趣、目标以及思维习惯的影响。

➢ 自发的学习：学习者的创造力、思维方式以及好奇心都能提高学习动机。与学习者兴趣爱好和个人能力一致的新奇的学习任务和挑战，能刺激好奇心的产生。

➢ 动机对努力很重要：综合知识和技能的获得需要学习者长期努力和有指导的实践。如果学习者没有学习动机，要想竭尽全力战胜困难是不可能的。

➢ 发展程度对学习的影响：不同发展水平的学习者有不同的机会和制约条件。只有综合考虑到生理、智力、心理、情绪和社会等各方面的发展因素，学习才有效。

➢ 社会对学习的影响：社会因素、人与人的关系以及沟通都对学习有影响。

➢ 个体差异：不同的学习方法、途径、社会经验与能力都会影响学习。

➢ 学习和差别：考虑学习者的语言、文化和社会背景，能促进有效的学习。

➢ 标准与评价：建立有挑战性的标准对学习进行评价，包括诊断、过程评价和结果评价，是学习过程的重要组成部分。

2. 学习过程

职业教育与培训的学习过程，一般可以划分为以下 8 个阶段

➢ 动机形成。指影响、建立、唤起和保持内在的推动力，以引起一定的行为。

➢ 明了学习目的及达到目的的困难。学习目的是学习者想要达到的结果，学习动机是促使学习者想达到那个结果的原因。具有同一学习目的的学习者，其学习动机可能不同。

➢ 选择学习方法。根据学习的内容和学习环境等选择学习方法。

➢ 获取信息。借助各种感觉器官接收与学习内容有关的信息。

➢ 调整内在能力结构。目的是更好地理解和掌握新信息，将新接受的知识技能和行为方式纳入自己原有的能力结构中。

➢ 保持。通过练习和复习，达到保持新信息的目的。

➢ 概括。获取新信息的基本内容及应用条件，并能将新信息转化应用于类似情境中。

➤ 反馈。通过各种活动，检查学习成果，获得反馈信息，进一步巩固新的信息。

在学习过程中，存在着所谓的学习曲线、学习高原和学习限度的现象

所谓学习曲线，是学习效果与所付出的努力之间的关系的形象化表示（图 1-1）所示。它所体现的主要特点是：

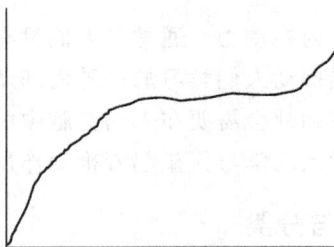

图 1-1　学习曲线图

➤ 学习进度有快有慢；

➤ 学习成绩会出现起伏的现象；

➤ 学习有可能出现学习高原现象；

➤ 高原现象之后，可能又会出现突然上升的趋势。

学习高原现象，是指人在学习过程中可能有很长一段时间没有明显的进步，学习处于一种停滞状态。造成高原现象的原因可能是：一段时间以后，学习者对现有学习内容的兴趣降低，因此可能不再像过去一样努力；也可能受到负迁移的影响，即已获得某一方面的学习成果，可能对学习者的继续学习造成阻力。

要克服高原现象，应做到以下几点：

➤ 以发展的眼光对待类似的学习内容，保持对学习内容的兴趣；

➤ 采取不同的学习方法；

➤ 加深对所学内容的理解，特别注意采取措施防止负迁移的出现。

学习限度的存在，主要是由于多种限制因素的存在，如学习者自身努力的限度、知识理解的限度、生理限度和智力的限度等。

● 学习动机

人为什么要学习？怎样能使人热爱学习？了解与学习动机有关的内容，对教师有重要的意义。

动机是推动人的行为的内在动力，通常是人们没有满足的需要和愿望。从心理学上讲，学习动机是直接推动人们学习的一种内部动因，是人类行为动机体系中的重要组成部分，是教育和社会需要在人们头脑中的反应，它表现为学习的意向、愿望、兴趣等形式，对人的学习愿望起着推动作用。

1. 学习动机的组成与分类

学习动机的组成

学习动机是由学习需要和学习兴趣组成的。

➢ 学习需要是学习者对自己和社会发展的客观必要性有一定的认识，是社会需求在人们头脑中的一种反应。有了学习需要，才会引发学习者自觉的学习。

➢ 学习兴趣是对学习的一种积极的认识倾向和情绪状态。其中，有的兴趣是直接的，有的兴趣是间接的。

学习动机的分类

按照学习动机的起源，可以把学习动机分为直接动机和间接动机。

➢ 直接学习动机指被学习内容或活动本身吸引，而直接引起的内部动力状态；间接动机指由于了解学习的重要性，而间接引起的对待学习的态度。

➢ 直接学习动机比较具体，持续时间较短，带有更多的近景性；间接学习动机具有更多的社会性与理智色彩，持续时间较长，具有远景性。

2. 马斯洛的需要理论

马斯洛认为，人的需要分为生理需要和心理需要，而需要是有层次的。一般说来，高层次的需要是建立在低层次需要基础之上的。从以人的基本需要和普遍愿望为出发点，动机可分为五大类，即：

➢ 生理需要：指维持人的生理功能必不可少的供应，如空气、食物、饮料等。这反映到教育培训方面，应注意教室的通风、学生营养供应和作息安排。

➢ 安全需要：包括物质和心理方面的需要。在职业教育中，物质方面要注意培训设备的安全性能；心理方面则要注意创建不过分激烈的竞争气氛，以增强多数学生的自信心。

➢ 爱与有所属的需要：如学生在班级中受到教师和同学们的接纳和欢迎，而非拒绝与排斥。

➢ 受人尊重的需要：包括获得一定的学习成就和赞许。

➢ 自我实现的需要，指有关个人的希望和实现它的计划。

3. 学习动机的培养

可以通过以下几个方面培养学习者的学习动机：

➢ **通过明确学习目标，启发学习自觉性**

学习目标是学习应达到的结果，它是学习中最重要的组成部分。应让学生清晰地认识到学习的目标和意义，包括总的学习目标、每一项学习内容的学习目标以及这些学习目标与本人发展的关系，使学习者意识到学习是自己的需要。只有这样，才能使学生内心形成一种紧张状态，并最终转变成学习的驱动力。

➢ **培养兴趣**

兴趣是学习动机中最活跃的成分。新颖的教学内容、教师生动活泼的教学组织都能引起学生的学习兴趣。

图 1-2　马斯洛的需要理论图解

➢ **利用动机的转移，产生学习需要**

在学习者没有明确的学习目的、缺乏学习动力的情况下，这时就可以利用学生的兴趣和爱好，使学习者发生兴趣转移，从而产生学习需要。如有的学生对学习本身不感兴趣，却对汽车非常感兴趣。这时就可以通过各种活动，使学生懂得，要想成为一位优秀的汽车机械师，首先要好好学习，掌握足够的专业知识，以此来刺激学生产生学习兴趣。

➢ **组织实践活动，引发求知欲**

通过经常性地组织社会实践活动，或者利用实习机会，增进学习者对职业的感性认识，让学习者将社会和企业的需求与自己现有水平进行比较，发现差距，从而引发学习者的求知欲望，提高学习的自觉性。

➢ **及时给予清晰的反馈**

对学习者好的学习行为应及时给予表扬。多次表扬和鼓励，可使学习者产生学习与表扬之间的联结，从而产生学习的动机。当把奖励作为反馈的手段时，应注意奖励的频率，不能将奖励时间间隔拖得太久。实验证明，小的、经常性的奖励，比大的、次数少的奖励作用更大。

> ➤ 促进学习者树立积极的自我形象

让学习者建立积极的自我形象。这种形象一旦建立，学习者就有维持这一形象的需要，而这种需要就是一个强大的学习动力。

> ➤ 给学习者以成功的希望

学习任务和考试题目难度适中，使学习者感到有成功的希望，从而引发学习动机。

● 经典的个体学习理论

个体学习理论认为，学习是"使相对持久的变化在经验中引起的潜在行为中发生的过程"。在职业学习中，个体学习有自己的特点，如成年或具有一定经验的人只有在特定的相互关联中才能学习。学习的方式越自由，知识越有用，学习效果就越好。在个体学习理论方面有代表性的有行为主义、认知主义、建构主义和情境学习理论。

1. 行为主义学习理论

行为主义理论的代表人物有巴甫洛夫、桑代克和斯金纳，他们主张通过经验获得以及在知识、技能和行为习惯的积累、改变或提高，从而带来新的学习潜能，最终实现改变人类自身的学习目的。

巴甫洛夫的条件反射理论，把学习行为看作是一种条件反射。据此，职业培训中许多技能通过多次练习，就能够形成一定的条件反射，从而形成良好的工作习惯。整洁有序的工作环境也能对劳动安全和环保意识产生所期待的条件反射。

桑代克的学习联结（试误）说认为，刺激与反应的联结是最基本的神经反应。学习就是形成这种联结的过程，是一种尝试错误的过程。偶然的成功，会导致错误反应减少，正确反应增多，并最终形成固定的反应程式，使刺激和反应之间形成一定联结。

斯金纳的操作条件理论认为，学习是一个操作性条件反射过程，即一种积极主动表现出来的行为得到强化的过程，可以通过强化来控制行为反应，取得学习效果。

按照行为主义理论，学习是一个黑箱（black-box）过程，是"刺激"和"反应"的关系，即个体行为的"原因"和"效果"间的直接关系。学习者呈现的是一种被动和反应的功能，学习局限在可观察的外在行为变化方面。这样，学习者被看作一个被动的客体，知识仅仅是按照统治者的控制和愿望自上而下传递，而"无知"的学习者既无法（参与）构建自己的学习环境，又不可能设计学习策略（见图1-3）。

行为主义理论对人力资源开发实践有着深刻的影响，它是工作绩效评价与报酬、激励与惩罚等措施的理论基础。当今社会，随着经济技术整体化和管理柔性化的发展，人们不仅需要能够随意被外界控制的螺丝钉，更需要创造力，因此，行为主义学习理论在一些方面已经显得过时。

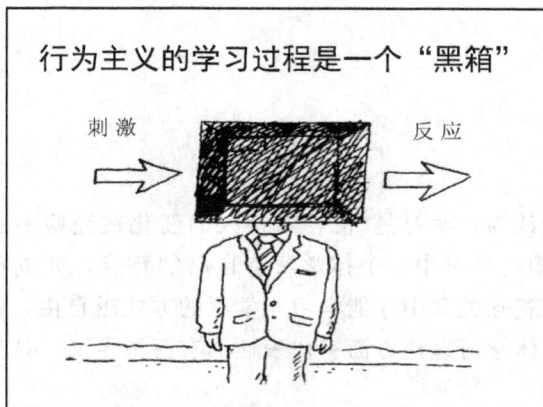

图 1-3

2. 认知主义学习理论

与行为主义相反，认知理论强调研究现象的经验，认为它是一个整体，并具有特定的内在结构。学习就是通过认知重组把握这种结构的过程，即是一个"刺激—重组—反应"过程。认知学习理论的代表人物有科勒和魏特海墨等。

认知理论的顿悟学习说（即格式塔）认为，通过感官获得的认识，都是一些由多种记忆痕迹组成的有组织的整体，即"完形"，学习不是加进去新痕迹或减去旧痕迹，而是通过新的经验或思维，使一种完形成为另一种完形。认知理论把学习者个体从被动的反应中解放出来，强调学习者与外界进行交流，并把获得的新信息融入到已有的认知结构中，从而产生新的学习体会。

按照认知理论，职业教育与培训应当帮助学生去获得知识，这不是行为主义强调的纯粹授事实和技能，而是扩大个体的认知结构，提高反馈能力，从而能够快速、灵活地应对外界环境的变化。

3. 建构主义学习理论

建构主义学习理论是认知主义学习理论的发展。它认为，世界是客观存在的，但对世界的理解和赋予意义却由每个人自己决定。我们以自己的经验为基础来建构现实或者解释现实。由于人的经验以及对经验的信念不同，因此对外部世界的理解也不同。建构主义关注如何以原有经验、心理结构和信念为基础来建构知识，强调学习的主动性、社会性和情境性。

据此，学习是学习者主动建构内部心理表征的过程，它不仅包括结构性的知识，而且包括大量的非结构性的经验背景。在学习过程中，人脑不是被动地学习和记录输入的信息，而是主动地建构对信息的解释。学习者对事物意义的理解总是与其已有的经验相结合，需要借助于贮存在长时记忆中的事件和信息加工策略。建构不但是对新信息的意义建构，而且又包含对原有经验的改造和重组。学习者在学习过程中不仅仅是发展供日后提取出来用于指导活动的图式或命题网络，而是形成丰富的、有经验背景的概念理解，从而在面临新的情境时，能够灵活建构用于指导活动的图式。

建构主义学习理论强调以学生为中心。学生由外部刺激的被动接受者和知识的灌输对象转变为信息加工的主体、知识意义的主动建构者；而教师由知识的传授者、灌输者转变为学生主动建构意义的帮助者和促进者。

4. 情境学习理论

情境学习理论对传统的知识的学习过程理论发起了挑战。据此，知识不再是心理内部的表征，而是个人和社会或物理情境之间联系的属性以及互动的产物。学习不仅为了获得事实性的知识，而是学习者在知识产生的特定情境中参与的文化实践。人类活动是复杂的，他通过与环境的直接接触与互动决定自身的行动。在此，隐含在人的行动模式和处理事件的情感中的默会知识发挥着主要的作用。实践者经常对情境进行反思，通过行动中的反思建构设计解决问题的新方法，以便使情境行动得以继续。

"合法的边缘参与"是情境学习的关键。学习者（新手）是共同体的合法参与者而不是观察者，其活动也在共同体的工作情境中进行。这里的"边缘"是指，学习者是新手，无法参与共同体的全部活动，只是参与部分活动，通过对专家工作的观察或与同伴的讨论进行学习，在知识产生的情境中建构知识。

社会性交互作用是情境学习的重要组成部分。在此有一个重要的概念，即"实践共同体"。情境认知中的知识，是保证行动与成功的实践能力，而意义是社会单元的构建。作为一种结果，学习是增强了的对共同体的工作情境的参与能力。学习是建构一致性与建构理解的双重事业。学习者在实践共同体中获得该共同体的信念和行为，逐渐从共同体边缘向中心移动，接触共同体的文化，进入成熟的实践舞台，并最终成为共同体中心的专家。

参考资料：

1. 高文．情境学习与情境认知[J]．教育发展研究．2001 年第 8 期．30-35 页

2. 张建伟，陈琦．从认知主义到建构主义[J]．北京师范大学学报（社会科学版）．1996 年第 4 期．75-82 页

● 教学论模式

教学成功与否，取决于教师确定的教学目标和内容、选择的教学方式和媒体是否符合学习者的实际需求、学习能力以及劳动市场的需求。作为一个教师，怎样才能在错综复杂的教学工作中借助合适的方式方法使学生达到所期望的学习目标呢？这里，就需要回答一系列的问题，即：

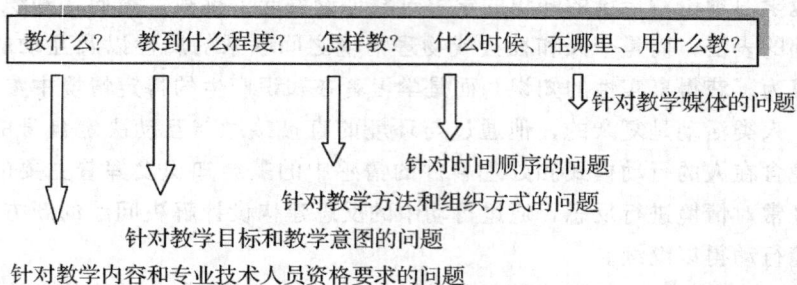

教什么？　教到什么程度？　怎样教？　什么时候、在哪里、用什么教？

针对教学媒体的问题

针对时间顺序的问题

针对教学方法和组织方式的问题

针对教学目标和教学意图的问题

针对教学内容和专业技术人员资格要求的问题

图 1-4　教学论解决的问题

这也就是教学论所讨论的核心问题。所谓教学论，是关于教与学的理论和实践的科学，其研究和讨论的对象包括教学的根据、前提、意图和结果。在教学论中有不同的流派，从不同角度给人们以方法论的指导。其中，由海曼（P. Heimann）等创建的"教授理论教学论模式"（Lehrtheoretische Didaktik），即"柏林教学论模式"，由于几乎考虑到了所有影响教学过程的因素，因此对我们进行教学设计有很大的帮助见图 1-5。

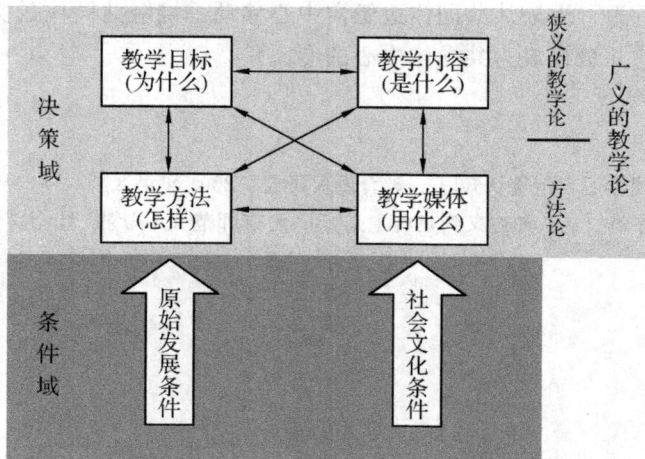

图 1-5　柏林教学论模型(P. Hermann)

按照柏林教学论模式，教学论有广义和狭义之分。狭义的教学论主要研究教学目标的确定和教学内容的选择；方法论则研究教学的方式、方法、组织形式和手段。广义的教学论包括狭义的教学论和方法论。

教学设计的结构因素被划分成两个领域，即条件域和决策域。

➤ 条件域包括原始发展条件（即学生的条件，如家庭状况、学习热情和已有文化基础等）和教学所处的社会文化条件（即教学的外部环境，如班级组成、教学条件和外部社会条件等）。这些是制订教学计划时必须首先考虑的内容。

➤ 决策域包括教学目标、内容、方法和媒体。在教学中，它们之间互相影响、相互制约，需要教师在教学设计工作中进行权衡，并最终做出决定。

在针对教学方法的决策中，需要确定的内容包括：

➤ 教学方法选择（如整个课堂教学过程的设计，具体的教学方法选择）；

➤ 教学节奏（教学过程的各个阶段）；

➤ 组织（社会）方式（正面教学，小组教学或独立学习）；

➤ 教授方式（直接教授、间接教授）；

➤ 评价方式（包括评分，承认或拒绝，表扬和批评）。

可以看出，教学论的两大核心任务是教学分析和教学设计。

在教学分析中，应当注意传统传授式教学和现代的行动导向教学的不同：

表 1-1　传授式教学和行动导向教学的不同

教学设计重点考虑的问题	
传统的传授式教学	现代的行动导向教学
教学要求和给定课时数 教学特点 内容选择与排序 教学重点与难点 方法选择 教学目标（总目标，课时目标） 学生的学习准备 学习评价 媒体使用情况（如黑板，投影和练习等）	引入（导入学习课题） 感受问题 引导问题（如何行动？要达到什么目标？） 解决问题途径（小组作业，讨论，角色扮演……） 信息源（书刊，Internet…） 评价结论（有多种方案时，通过妥协和协商取得一致，从经济和环保角度评价）

在职业教育的教学设计中，应注意以下几条原则：

➤ 背景中的学习。学习发生在一定的“背景”中，是一种“需要意志的、有意图的、积极的、自觉的和建构的实践”。学习者需要在与学习情境各要素的交互过程中，主动去建构学习的意义和社会身份。

➤ 学习者积极参与。学习是学习者与他人、工具和物质世界的互动过程。学习者的认知和行动是一个统一体，学习尽可能由学习者自我控制地实施。

➤ 完整的工作过程。应尽量由学习者独立完成收集信息、设计解决方案、实施方案、检查与控制的工作过程的各个环节。教师只有在必需时才给予一定的帮助，而且这种帮助更多的是间接的，只提供方法或注意点，而不直接给出答案。

➤ 对职业实践的整体思考。职业实践活动是发生在社会这个大系统中的小系统。让学习者应在体验职业实践活动中各种相关的技术、经济、法律、安全、生态、社会等环境因素中，思考职业实践活动如何与周围环境相互适应和促进。

➤ 从学习者的基础出发循序渐进。学习者会经历一个从处于边缘的新手，逐渐向核心位置靠拢的过程。根据学习者的已有知识经验和认知特点，为其选择适当的学习起点、策略和方法，有助于学习者达到预期的学习目的。

参考资料：

1. 乌美娜．教学设计[M]．北京：高等教育出版社，1994

2. 戴维．H. 乔纳森主编，郑太年、任友群译．学习环境的理论基础[M]．上海：华东师范大学出版社，2002

● 职业能力

当前，"以（职业）能力为本位"已经成为职业教育的重要指导思想，然而大家对"职业能力"的理解却多种多样，这主要是受到发达国家关于这一概念的定位和发展的影响。

英语国家普遍从人力资源管理的角度，认为能力是由知识、技能以及根据标准有效地从事某项工作或职业的能力，即完成一项工作任务可观察到的、可度量的活动或行为。这里强调学习的结果，看重通过考核鉴定可以确定的、针对具体任务和职责的技能和绩效。在此尽管提出了"态度"的概念，但是内容抽象，如认真、细致、严守工艺规程等。这里不强调能力之间的联系和对职业的整体与综合性认识，而强调职业教育培训的功能性和岗位性要求，关注企业的当前需要。我国的职业资格证书体系以及受英美（盎格鲁—撒克逊）文化①影响较大的职业院校，对"职业能力"的理解基本上是英语式的。

以德国为代表的欧洲大陆文化从教育学的角度理解职业能力，将其定义为"职业行动能力"，即从事一门或若干相近职业所必备的本领，是个体在职业工作、社会和私人情境中科学的思维、对个人和社会负责任行事的热情与能力，是科学的工作和学习方法的基础。职业能力是才能、方法、知识、观点和价值观的综合发展，以此为目标的职业教育强调专业学习和综合能力发展的过程性、关联性和情境性，关注促进人的职业生涯发展的多项要素。

我国教育部的一些文件强调职业能力的综合性特征，认为职业能力是"一个人在现代社会中生存生活，从事职业活动和实现全面发展的主观条件，包括职业知识和技能，分析和解决问题的能力，信息接受和处理能力，经营管理、社会交往能力，不断学习的能力"。这种认识的定位在兼顾企业需要的基础上，强调人的全面素质发展，这与德国式的理解相似。

对职业能力的不同理解，影响了人们对职业教育人才培养目标的定位，以及与此对应的课程开发与教学评价等工作。如按照英语的理解确定能力标准，因为技能表述直接明确，可以帮助职业院校更容易与企业交流并获得企业的认同，解决当下突出的学校人才培养与企业需求之间的尖锐矛盾，但是由于（仅）强调岗位和技能培训，有可能丧失学校职业教育的（部分）教育性目标，如以人为本和全面

---

① 西方的文化大体可以分成两种：一种是以新教为宗教基础、英美为代表的盎格鲁-撒克逊文化，一种是以罗马天主教为宗教基础、法国意大利为代表的拉丁文化。——编者注

素质的提高；如果按照德国对职业能力的理解开发课程与课程设计，可以为学生奠定相对较为宽厚的职业生涯发展基础，但是对学校的办学模式、政策环境等外部机制和课程实施条件提出了新的要求。

表 1-2　三种模式下的职业教育培训的目标

管理模式	对人的理解与描述	职业教育培训的目标
泰勒主义管理理论	合理化的人 人是人机系统的一个功能部分 可控制的生产因素	提供有工作能力的劳动者 完成单个工作任务 以工程技术为导向
人力资源管理理论	社会的人 个体人，同时为集体的成员 可被激励，有积极性	塑造人际关系 表达个人感受，实现自我 改善技术能力
教育学理论	综合的人 积极的企业的革新者和设计者 有成功的潜力	促进个性和全面发展 团队导向 不同级别和专业共同学习 自我反省

成功职业教育的标志是其毕业生能够根据职业规则从事该职业的活动，因此，职业能力是通过"以职业形式进行的行动"（action）表现出来的，是一种"职业行动能力"。职业行动能力是一个起源于德国的职业教育术语，一般分为专业能力、方法能力和社会能力。有的为了强调个性发展的普通教育目标，还增加了个性能力维度。

➢ 专业能力。专业能力是职业业务范围内的能力，是在专业知识和技能的基础上，在特定方法引导下，按照专业要求独立解决问题并对结果加以评判的意愿和能力。它不仅是一种工具性的能力，而且也是对职业的精神层面的深入理解。它关注对专业问题的战略性思考，将机械、盲目和不理智的行为，转化为有前瞻性的、经得起论证的周全考虑的理智行为。在专业能力中，工作过程知识扮演着重要的角色，即"在工作过程中直接需要的（区别于学科系统化的知识）、在工作过程中自我获得的，特别需要通过经验性学习后，在工作经验与理论反思间的特定关系中产生的知识"。

➢ 方法能力。方法能力指针对工作任务，独立制定解决问题的方案并加以运用的能力和意愿，它强调解决综合性问题时的目标性、计划性和获得成果的程序性。方法能力还包括产品质量的自我控制和管理以及工作评价，通过对自己的行为和由此带来的后果做出评价，并且为潜在的行为承担后果。从某种意义上说，方法能力不仅是职业行动能力的一个维度，而且是个人能力、专业能力和社会能力中的共有成分。方法能力不仅表现在职业生涯中，也表现在个人和社会生活中，如个人对家庭、职业和公共生活中的发展机遇、要求和限制做出的解释、思考和评判，以及开发自己智力和设计发展道路的能力与愿望。有关方法能力的讨论常涉及一些概念，如学习能力等，包括学习技巧和运用学习技巧的能力。学习能力与终身学习理念有着密切的联系。

➤ 社会能力。社会能力是经历和构建社会关系、感受和理解他人的奉献与冲突、懂得互相理解，并负责任地与他人相处的能力和愿望，包括社会责任感和团结意识等。社会能力是与他人交往、合作、共同生活和工作的能力，包括工作中的人际交流（伙伴式的交流方式、利益冲突的处理等）、公共关系（与同龄人相处的能力、在小组工作中的合作能力、交流与协商的能力、批评与自我批评的能力）、劳动组织能力（企业机构组织和生产作业组织、劳动安全等）、群体意识和社会责任心。在有关社会能力的讨论中也有很多相关概念，如合作能力和交流能力等，它们是对专业能力和方法能力的有效补充与保障。

➤ 个性能力。个性能力是指个体对在家庭、职场或者公共生活中出现的发展机会、要求或者限制做出解释，深入思考并加以评判，能够拓展自己的才能且不断进步的意愿和能力。它包括个人的品质，如独立性、批判能力、自信、可信度和责任心等。价值观的发展和对自我价值的承诺也是属于这方面的内容。对个人能力的认识和关注，反映了"基于一般个性特征的能力观"。

综上所述，职业行动能力的发展不但帮助学习者做好职业准备，同时也为个体和公众生活服务做好准备。

需要指出的是，在教学实践中，专业能力、方法能力和社会能力等的培养无法分开而是综合进行的，它不是通过专门的课程，而是通过合适的教学设计实现的。职业能力的这些分类方式只是为我们提供理念上的指导，我们无法，也不可能罗列出每一种能力所包含的具体要素。要想对职业能力的发展水平进行评价，还需要进一步的技术，详见 COMET 职业能力测评部分。

● 关键能力

20 世纪中叶开始，随着自动化技术特别是机器人技术的发展和推广，人们逐渐发现：现代社会的社会水平劳动分工逐渐弱化，各个职业和岗位之间的界限也越来越模糊，人们对岗位工作行为进行分析、评价、测量和总结变得越来越难，甚至很难再对职业人才的能力要求做出具体而明确的预测。在这样的环境中，人们迫切希望了解未来劳动者需要掌握什么样的技能才能立于不败之地，至少不被机器所取代。

在这一背景下，梅腾斯（D. Mertens）在对劳动市场与劳动者的职业适应性进行研究时，提出了关键能力的概念，即与具体工作任务和专门技能或知识无关的，但是对现代生产和社会顺利运行起着关键作用，能够"打开通向未来的大门"的能力。他将关键能力分为四类，即"基本能力"（有逻辑性的、创造性和批评性的思维等），"水平能力"（如获取、理解和加工信息的能力），"宽度元素"（如基本计算方式和劳动保护等）以及与"年龄无关因素"，把它看作是进入日益复杂和不可预测的世界的工具，是促进社会变革的一种重要策略。

表 1-3 关键能力的分类

组织与完成生产、练习任务	信息交流与合作	应用科学的学习和工作方法	独立性与责任心	承受力
目标坚定性 细心 准确 自我控制 系统工作方法 最佳工作方式 组织能力 灵活性 协调能力	口头表达能力 笔头表达能力 客观性 合作能力 同情心 顾客至上 环境适应能力 社会责任感 公正 助人为乐 光明磊落	学习积极性 学习方法 识图能力 逻辑思维能力 想象能力 抽象能力 系统思维能力 分析能力 创造能力 在实践中运用理论知识的能力 触类旁通的能力	可靠性 纪律性 质量意识 安全意识 自信心 决策能力 自我批评能力 评判能力 全面处理事物的能力	精力集中 耐力 适应新环境的能力

梅腾斯对关键能力作了系统性阐述，认为职业教育应该培养三方面的能力，即：以具体的知识和技能为代表的通用能力，内容包括普适性的知识和技能、超

前性的知识和技能以及长效性的知识和技能；以形式的能力为代表的自立能力，内容包括独立行动、应用性思维和行动、自学行动；以行为方式为代表的个性能力内容包括个人行为方式、社会行为方式、工作行为方式和责任行为方式。

关键能力理念对职业教育实践产生了重要的影响，人们试图将其应用到课程和教学改革中。西门子公司在典型实验的基础上，开发出一个系统培养从事高技术和复杂工作人员关键能力的一揽子方案——"以项目和迁移为导向的教育"（PETRA），把关键能力分为"组织与完成生产、练习任务"5大类（见表1-3。方案还提出了针对不同关键能力的多种教学组织和评价方法。

关键能力的概念引发了其他西方国家的重视。1979年，英国提出了核心能力（core skills）的概念，把核心能力概括为11项，即读写能力、计算能力、制图能力、问题解决能力、研究能力、处理事务的能力、独立能力、动手能力、个性的和道德的素养、物理环境和技术环境。1992年，英国国家职业资格委员会在进行国家职业资格考核中，把6项关键能力分为两类，一类为强制性能力，其中包括通讯能力、计算能力、信息技术；另一类为选择性能力，其中包括问题解决能力、个人能力、现代外语能力。英国按照其盎格鲁文化传统，将关键能力的概念向行为主义方向推进了一大步，并进行了范围广泛的实践。

澳大利亚也开发了关键能力的培养方案，如将关键能力分为"搜集、分析和组织信息""交流思想与信息""计划和组织信息""合作""利用数学思想和工具""解决问题"以及"利用技术"七类。经过多年实践后，澳大利亚又在此基础上发展起就业能力技能人才培养战略。美国培训与开发学会（ASTD）也提出类似的工作者成功就业所需要的条件，包括基础、基本能力技能、沟通技能、适应性技能、开发技能、群体效果技能和影响技能7类共17项技能。

关键能力的基本理念是：开发学习者迅速而无障碍地掌握"可转换的特殊智能"，而不再实行特定领域的培训，从而实现更高级的教育目标和素质发展。这种致力于培养无法被直接传授的所谓的"形而上的能力"的做法的结果是：关键能力的种类太多（Resse共列举了600种关键能力），但无法找到不同关键能力之间的共性和培养规律。

自从有关关键能力的讨论开展以来，人们曾经用多种术语描述那些"跨专业的能力"，即不属于某个学科或职业所特有，而具有横向的迁移特性，覆盖多个学科和专门化领域，并对成功的求学及工作具有重要的作用。然而所有的定义和概念都无法完全满足理论和实证研究的要求。学者Grob和Maag Merki为了评价不同能力分类模型的质量，曾经开发了一个含有6项指标的评价标准。研究发现，目前所有的能力模型都无法完全符合这一标准，如关键能力概念缺乏实证检验。由于各职业通用的能力始终不能取代与岗位直接相关的专业能力，人们还没有证明关键能力是否的确能够帮助人们有效应对工作中出现的不可预测的需求。

此外，人们也没有从实证角度澄清关键能力的内部结构（即不符合结构性标准）。

　　综上所述，虽然分类和表述不完全相同，有关关键能力和核心能力的理念都强调的是职业的相通性和可转换性，而不针对具体的职业和岗位。由于这些各职业通用的能力并不能取代与岗位直接相关的特定职业能力，因此脱离职业活动训练所获得的关键能力的效果有多大，还需要进一步研究。

　　另外，关键能力与多元智能理论也是矛盾的，与公认的"领域相关性原则"也不符，因为尽管它汇聚了很多个性特征，却脱离了具体的情境。

参考资料

　　庄榕霞，赵志群．职业院校学生职业能力测评的实证研究［M］．北京：清华大学出版社，2013.

● 学习目标及其分类

1. 学习目标及其表述

学习目标是教学活动所追求的、学生在学习过程结束以后应实现的最终行为，是预期的教学效果。有效的学习目标应能说明以下问题：

➢ 学习的主要意图是什么？

➢ 学生要达到这个要求必须做什么？

➢ 如何知道学生的行为已经达到了要求？

学习目标在实践上有两个目的：第一是详细列出能实现教学目标的特定的课堂策略，从而使教学活动向课堂成就靠拢；第二是表达教学策略，表达的形式能够让人测量这些策略对学习者的影响程度。因此，在教学设计中，清楚地表述学习目标具有重要的意义，它可以：

➢ 使学生和教师都明确自己的工作方向；

➢ 帮助有效地评价学习效果；

➢ 帮助选择合适的教学内容、方式方法和手段。

由于学习的本质是可观察的行为变化，因此学习目标是一个行为目标。表述行为目标的基本要求是：提出的行为是可观察和可测量的。

简单地说，表述学习目标有三个步骤：

➢ 界定出可观察结果的学习结果；

➢ 陈述发生预期学习的条件（如使用的材料设备以及使用时间）；

➢ 明确规定的水平——也就是能在教学中预期的行为数量，使教学在明确规定的条件下进行。

正确表述的学习目标一般有三个组成部分，即"行为""条件"和"标准"。其中，"行为"部分是必需的，即学习目标表述中至少必须有一个能够测量的行为动词。具体地讲，正确表述学习目标有三种方式：

➢ 二段式：行为 ＋ 结果，例如"学生应能制作一个台虎钳"；

➢ 三段式：行为 ＋ 标准 ＋ 结果，例如"学生应能根据引导课文的要求制作一个台虎钳"；

➢ 四段式：行为 ＋ 条件 ＋ 标准 ＋ 结果，例如"学生应能在没有教师直接指导下独立根据引导课文要求制作一个台虎钳"。

2. 学习目标的分类与层次

确定学习目标时，既可以按照不十分严格的方式，也可按照非常严格的方式。前者的学习目标表述是模糊和不具体的，因此对教学的指导作用也很有限。而后者的学习目标表述，是科学的教学评价的基础。

教育家布卢姆（B. Bloom）提出的学习目标分类模式，把学习目标分为认知、情感和动作技能三大类：

➤ 认知：智慧能力和技巧发展，如"学生应能够说出一种好黏合剂的三项要求"；

➤ 情感：态度、信念和价值观的发展，如"学生应能够举例说明团队精神对从事钳工工作的重要性"；

➤ 动作技能：身体动作和行为的协调，例如"学生应能按照规程制作一个台虎钳"。

布卢姆等还对每一类学习目标制定了一个从低到高的层次体系，分别描述了认知、情感和动作技能复杂性的级别，其中：

➤ 认知目标分六个级别，即知识、理解、应用、分析、综合和评价；

➤ 情感目标分五个级别，即接受、反应、价值化、组织和个性化；

➤ 动作技能目标分五个级别，即模仿、控制、精确、连接和自动化。

在布卢姆学习目标分层基础上，德国教育委员会将所有的学习目标划分为再现、重组、迁移和应用四个层次，对职业教育学习目标的确定和教学实践提供了更具操作性的工具：

➤ 再现：通过提示性词语复述已经学习过的内容（如专业知识或技能）；

➤ 重组：不仅仅是记住多少知识，而且能够根据自己的理解和已有经验对这些材料进行加工和整理；

➤ 迁移：把所学的知识、技能和经验等迁移运用到相类似的情境中，解决类似的问题；

➤ 创新：创造性地利用所学的知识、技能和经验，解决从未遇到的新问题。

为了表达各种层次的学习目标，人们找出了一些常用的行为动词，如说出名称、举例说明，等等。由于事实上多数情感目标很难用行为动词表述，所以真正实现的更多是在认知目标和技能目标领域。表 1-4 是"应急演练"培训项目的学习目标举例。

教师可以根据实际的教学需要，按照课程目标体系确定每个教学单元的学习目标，并以此对教学效果进行控制和检验。

表 1-4　"应急演练"培训项目的学习目标

学习目标类型	学习目标层次	目标表达常用的行为动词	举　例
认知目标	再现	说出……名称，背诵，标明，排列……的顺序，界定……的范围，为……命名，陈述	说出本指挥部的工作原则
	重组	阐述原理，描述过程，确认事物，概括说明，区别……概念，归类，解释，推出……原理，判断	举例说明指挥部每个成员的任务和权限
	迁移	对比说明，补充，利用……，查明原因，查阅，推导，修改，概括总结，判断	完善本单位应急状况下的决策流程
	创新	评价，拟订，图解，推理，制定，编写，设计，预测，批判，比较	制定本单位的应急预案
技能目标	再现	按照教师的示范做，查到，接受，识别，觉察	能完成小组下派的任务
	重组	独立地执行，实施	在讨论中提出自己的见解
	迁移	(在实际中)解决问题，说服，比较并做出决定，制定，选择，系统化，解决问题	在小组工作富有建设性地工作
	创新	协调、和谐、完整、均衡、流畅、快速和稳定地解决问题、设计、修改，建立理论模型	代表本专业(部门)与其他专业(部门)的同事有效合作

　　由于布卢姆的学习目标分类的理论基础是行为主义学习理论，因此在现代职业教育，特别是强调综合素质培养的教学中，也遇到很多问题。

深入阅读

[美]加里•D•鲍里奇著. 易东平译. 有效的教学方法[M]. 南京：江苏教育出版社，2002

专题二　职业教育的教师

● 教师的角色

进入 21 世纪，职业教育与培训已经成为一个开放体系，是一个为所有社会成员的个人和职业发展提供机会的立交桥。职业教育与培训机构也不再是传统的学校，而成为融教育培训、技术推广和创新、组织发展以及人力资源开发等功能为一体的综合性机构。它提供综合性的解决方案，为社会、企业和社区发展提供人员、技术、管理和组织方面的支持。现代职业教育与培训机构具有以下特征：

➤ 是所有人都愿意去的地方。这里，每个人都能找到自己的位置，师生能充分发挥各自的特长；

➤ 给学习者成长的空间，使大家学会相互照顾；

➤ 是学习者各抒己见的场所，也是教会学习者战胜挫折、不断进取的场所；

➤ 是服务于大家的社会团体。它不仅提供必要的知识，而且培养学习者独立工作、社会交往和迎接未来挑战的能力。

这样，职业教育与培训机构就扩展成了"能力中心"，能够针对不同对象（机构或个人），按照实际需求，通过有效的教育培训和发展措施，最大限度地促进受教育者的个人和职业发展以及其他服务对象（如企业）实现绩效的最大化。这也意味着传统的教师和培训师（下文简称教师）的角色更加丰富，同时承担着多种功能，既是专业人员、教育者、教师、人力资源开发师，也是学生（员）的代表和监护人。

1. 专业人员

在职业教育与培训中，教师必须关注本领域的最新技术发展，不断学习本领域的新知识、新技术、新工艺和新方法，关注企业需求变化，成为本专业理论和实践的行家里手，并把着眼点放在未来发展上。

2. 教育者

作为教育者的教师，不仅应当是学生行动的楷模，同时也要关注学生的成长和进步，教育学生求实进取，帮助学生制定生涯发展规划，做到教书育人。

3. 教师

教师的义务是按照培养目标的要求将知识和技能有计划地传授给学生，包括确定学习目标和内容、选择教学方法和媒体、进行教学过程和质量控制以及教学评价等。

4. 人力资源开发师

培训教师是企业人力资源开发的重要组成部分。作为人力资源开发工作者，教师应当协助企业的人力资源部门做好以下工作：

> 在人员招聘工作中提供参谋；
> 发现学员天赋和特长，引导他们的职业发展；
> 根据企业的特定要求，有针对性地选择培训内容和场所。

5. 学生(员)代表

在企业培训和实习中，培训教师成为学生(员)的代表，站在学生的角度考虑问题：

> 学生是否对机器设备有恐惧感，如何排除这种恐惧？
> 工作环境是否整洁安全？所需工具、仪器仪表和软件是否齐全？
> 企业及其兼职教师是否对学生的实习真正负责？

这里，培训教师要与学生共同解决实习中出现的问题。

6. 监护人

由于学生的年龄偏小，生活和工作经验欠缺，因此教师同时也是学生的监护人和保护者，特别是在实习教学中，应对学生的健康安全、意外事故防护和劳动保护负责，同时应当教导学生遵守各项规章制度。

在现代培训过程中，由于以学生为中心的、行动导向学习方式的推广，学习者逐渐承担起越来越多的对自己学习负责和自我管理的责任，教师的任务也从传统的传道授业等中心性的工作转向辅导和咨询等辅助性的工作，如设计和策划学习过程、组织动员学习者投入到学习过程中、设计和提供学习资源等。表 2-1 说明了传统意义和现代意义上的教师的不同工作特点：

表 2-1　对比传统意义和现代意义的教师

比较项目	传统意义的教师	现代意义的教师
主要任务	是传道、授业、解惑	主要任务是促进学生学习
工作方式	正式地教(灌输)	非正式地教(引导学习)
工作准备	为学生做一切	为学生获得经验创造条件
决策方式	决定一切	让学生参与制定决策
创造性的表现方式	对如何教有创意	对开发学生的创造力有创意
师生关系	主宰课堂教学	师生相互尊重，鼓励学生参与
关注重点	聚焦学生的错误	聚焦学生的进步
个人特征	老师本人主动、有创造性	学生有主动性和创新性

可以看出，在现代教学过程中，教师的任务、角色和工作环境发生了巨大变化。以项目教学为例，在整个教学过程中，教师承担的主要任务是：

➢ 把学习者引入到学习过程中去；

➢ 帮助学生组建学习小组；

➢ 在学生制订计划和做出决策时提供帮助；

➢ 监督实施过程，当学生有困难不能继续下去或犯有较大错误时进行干涉；

➢ 对学习成果进行评价并反馈给学生。

在此，教师应采取的态度是：本着友好、观望和克制的态度参加每一阶段的工作，在小组学习过程中发挥顾问的作用，在遇到学生提问时，多提供有关方法的帮助和信息来源；教师应认真观察学生间的合作情况并做好详细记录，这是总结反馈的基础。在反馈阶段，教师将观察结果开诚布公地通报给学生，并鼓励他们自己从中总结经验教训。

参 考 资 料

韩雅茹．当代德国职业教育教学与管理[M]．天津：天津社会科学院出版社．2003

● 作为学习主持人的教师

在现代自我管理式学习培训中，教师的首要任务是安排合理的学习进程，即根据学员身心发展的实际情况，制定可实现的学习目标。为培养独立解决问题的能力和创造精神，发展人际关系，教师必须发挥学员的主动性，调动学员积极、合理、有效地参与到学习过程中。教师在很大程度上成为了学习过程的主持人，其具体任务是：

> 设计职业能力发展途径，开发课程；
> 对整个学习过程进行发动、促进和引导；
> 加工信息资源并采用合适的方式提供给学员；
> 策划和设计合适的学习环境。

图 2-1 说明了在完整的行动（工作）过程的每一个步骤中，主持人（图中黑体者）与学习者的基本关系：

图 2-1 主持人与学习者的基本关系

在行动导向教学中，学习主持人必须保证富有成效的小组学习，同时保证学习小组具有良好的团队精神和学习活动结果的质量。

学习主持人只是方法上的领导人，而不是学习活动的领导者，他不控制学习活动的结果，只是调动学习小组运用自己的经验进行对话、产生新知识并最终做出决定；他为学习活动作准备而不展示专业能力；他控制学习过程而不控制学习内容；他要学会保留自己的意见。其工作原则是尽量少说话，让别人去工作。因此，学习主持人不是专业专家，而是方法的牵头人和问题的策划者。

主持是一项辛苦但充满趣味的工作，有时则更像是一门艺术。主持人必须了解且遵循一定的规则，如在适当的时候提出适当的问题；主持人要创造生动的"学习剧本"，让学员在"表演"的过程中发挥潜力。因此，主持艺术是想象力、直觉、审美和对小组成员潜力感觉的综合体。主持人在坚持原则的同时应具有灵活性，应善于采纳别人的建议，能随时帮助学员从冲突中解脱出来。这就要求作为学习主持人的教师能够：

> 在适当的时候提出关键性的问题；
> 选择并有效运用合适的方法；
> 及时对小组的要求作出反应；
> 促进小组活动深入发展；
> 合理地归纳意见与观点；
> 仔细观察活动过程与学员反应；
> 灵活地调整活动程序或进行适当地增减；
> 计划时间并留有余地，且在开展活动时不过分拘泥于时间的限制；
> 不要控制活动的过程。

在实践中，除非学员数量很少，学习一般应该有一个主持人作为小组主持。小组中应至少包括一名主持人与一名助理主持人，两人的角色可以互换。这样做的好处是：

> 可以对活动的设计考虑得更为深入而仔细；
> 个人的工作强度不至于过大；
> 当主持人在主持时，助理主持可协助做些辅助工作或对过程进行观察。

良好的合作需要主持小组成员之间彼此信任，认可对方的优点并容忍其缺点，相互学习和充分沟通。培训活动的成功决不依赖个人的表现而是取决于主持小组以及学员整体的表现。

成为一名合格的主持人需要时间和经验，通过实践学习是最好的方式。教师应该把每一次实施培训活动都当作一次挑战，因为即使活动的内容与方法是一样的，如果针对的学员不同或运用的环境不同等，也会使主持过程发生变化。此外，主持人小组之间以及与学员之间的感情是否融洽，也会直接影响培训的成效。总之，没有人天生就是优秀的主持人，只有练习才是最有效的办法。合格的主持人应具备以下个人素质：

> 信任别人；
> 耐心且具有良好的倾听技能；
> 有自我意识，渴望学习新的技能；
> 自信但不骄傲；
> 具有丰富的生活经验，掌握较多科普和日常知识；
> 尊重别人的意见，从不将观点强加给别人；

> ➤ 具有激发参与者自信心的能力；
> ➤ 能灵活变换方法或活动程序，不固守预定计划的方法；
> ➤ 在空间、时间和材料安排方面有判断力，能创造良好的物质环境和氛围；
> ➤ 绘画和书写能力。

学习主持人在设计和管理学习过程时应当注意，不必要求全体学员"齐步走"，而是根据学员个人发展情况决定进程，鼓励先进，也允许暂时落后，力求让每个学员向目标前进的过程中，都有自信心并享受到成功的喜悦。

学习主持人在放手让学员进行自我管理的学习过程中发展能力和展示个性的同时，不仅是学员的参谋和朋友，还要发挥调控和监督作用，承担向导的任务。当学员在学习中出现问题时，应当好医生，及时纠偏。因此，主持人要有敏锐的洞察力，去发现学员学习、工作、思想和心理上的问题，特别是对一些有代表性的所谓问题学员，要耐心细致地进行诊疗，消除其心理障碍和思想上的误区，确保学员生产安全和身心健康，为学员个人持续发展提供保障。

● 企业培训教师

企业培训教师主要包括培训负责人、培训师和学习教练。

1. 培训负责人

需求管理

获得培训需求是培训负责人的首要任务。培训需求分为客观需求和主观需求：客观需求是通过对工作岗位的当前状况和理想状况之间的预测性分析得出的；主观需求是对职工个人的能力和资格结构分析的结果。

比较工作岗位的要求和个人能力之间的差距就是现实的培训需求。在实践中，这一需求结果常常是在培训师自己分析的基础上、通过与业务主管和职工本人的谈话，有时还要分析培训班成果后做出的。培训师在此需掌握培训需求与工作分析技能，包括职业描述、培训需求与考核评价、培训需求调查表格的设计以及培训需求调查的方法。

制订和实施培训计划

在以外聘培训师和外派培训为主的培训中，制订培训计划有特别重要的意义，内容包括：

➢ 现状描述和培训任务设想；

➢ 确定学员人数，调查学员已有基础，确定学习目标或组织发展项目；

➢ 制订培训年度计划，课程设计，开发针对具体问题的组织学习方案；

➢ 培训的组织与实施；

➢ 制定预算，包括培训经费来源和培训费用分配。

培训协调工作

培训的协调任务是保证培训过程顺利进行，包括：

➢ 培训班的组织工作，如确定办班地点、开具各种证明、接站和票务等；

➢ 撰写各种报告和文件，如培训总结、学员须知等；

➢ 后勤保障，如教室、媒体和教材等的准备。

咨询

顺利开展咨询工作的前提是人与人的沟通和交流，包括对"上"的和对"下"的。对"上"是指向企业领导层、人力资源和培训部门领导就培训的一般问题或专门问题提供建议；对"下"指帮助一般职工了解、准备和顺利接受培训。因此，培训的咨询工作是调动上级和下级所有员工的学习积极性。

质量控制与评价

培训评价指所有保证培训质量和效益的措施，是一个持续的质量控制过程。除培训班组织工作和学习氛围外，评价内容还包括教学质量、学习内容、培训师和教学材料。在评价中，培训的效果评价是培训负责人的最重要任务。他一方面要向专业部门负责人宣传绩效管理的重要性；另一方面还要为他们提供合适的评价工具和技术。

2. 培训师

在现代社会中，学员的学历、认知能力和经验等水平都有提高，可以通过自学获得理论知识，因此往往非常注重培训内容的实用性和前瞻性，希望通过培训解决工作中的难点问题并获得"听君一堂课，胜读十年书"的效果，这就要求培训师成为高水平的专家，其职业角色表现在：

➤ 学习资源体系的设计者和提供者。精心挑选学习资源，结合企业和社会发展需要编写教材，为不同层次和专题需要的学习者开列学习菜单。

➤ 学习过程的咨询者和参谋。培训师应从讲台上走下，成为学习者的朋友和伙伴，针对学习者个人制定个性化的学习目标、解除学习疑惑并提出学习建议。

➤ 选择学习内容的导航者。有效学习的学习内容应与企业发展目标相一致。培训师应从企业发展目标、产品研发、竞争对手、营销渠道以及售后服务等方面出发，给学习者提出建议，使学习者的个人学习绩效成为组织绩效的有效成分。

➤ 学习活动和学习绩效的评价者。培训师应对学习活动给予必要的评价和提出建议，使学习者不断受到激励并获得必要的反馈。

在实践中，培训师的工作主要表现在四个方面，即计划、组织、教学和咨询：

➤ 计划：分析、确定和描述培训需求与培训内容，设计培训方案，制定监控措施；

➤ 组织：选择学员群体和授课培训师，制定培训大纲，组织培训活动；

➤ 教学：确定教学方法，确认、监督和培训兼职培训师，针对需求实施培训，监控培训效果，确保达到企业目标；

➤ 咨询：开展教育培训咨询，参与外部有关培训的活动，对企业领导就培训问题提供咨询。

3. 学习教练

在扁平化企业管理中，让员工具备一定决策权，自信地发挥潜能和创造力，是企业提升竞争力的重要手段。这就产生了现代组织机构特别是企业中的学习"教练"。企业学习教练，是指导学员为实现某个特定目标而制订计划、鼓励学员创造性地克服困难来完成这一计划的人或机构。美国职业与个人教练协会（PP-CA)）把企业教练定义为：从客户自身角度和目的出发，教授人们采取行动的步骤和实现目标的方法的专门人员，是以技术反映学员心态，激发学员潜能，帮助学员及时调整到最佳状态去创造成果的人。

实践证明，教练活动能够有效地激励员工，特别是管理人员的潜能，提高工作效率。以谈话沟通的形式促成学员主动改变心态，是教练活动的基本方式。因此，企业教练的工作过程，也就是与此有关的聆听、提问、区分和回应等。这些简单步骤中蕴涵着十分丰富的内涵，这对教练机构和教练员本身提出了很高的要求。

企业在不同的发展阶段，其培训教师的任务重点不一样。处于创立阶段的企业一般希望减少培训费用，培训仅仅是为生产提供的特殊服务以随时弥补能力缺陷，因此培训多以工作过程中的在岗培训为主。在发展阶段，企业培训逐步走向正规化和系统化，培训教师需要在知识和经验的基础上有计划、系统性和符合专业要求地工作。在成熟阶段，培训的目的不再是"适应"，而是企业的专业化的组织发展。培训教师成为企业的"发展顾问"，他必须了解专业部门的缺陷和弥补这些缺陷的方法，在更高实践知识的基础上解决问题。

● 培训师的资格和能力要求

培训师的任务是多方面的。要想高质量地完成培训任务，必须有受过良好教育而又经验丰富的培训师。这对培训师的素质提出了较高的要求，如有较强的学习能力、有与他人分享成功的愿望、高度的责任感和相关领域的经验等，具体可以分为以下 5 个方面的能力要求（见图 2-2）。

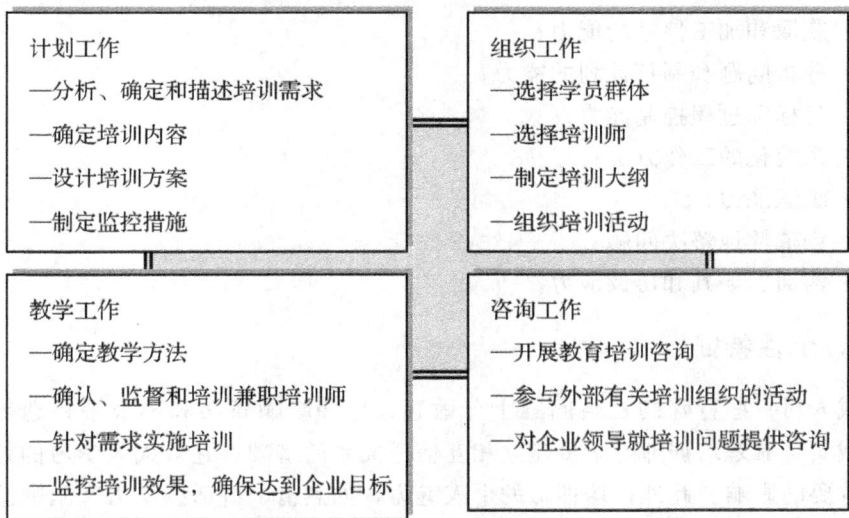

计划工作	组织工作
—分析、确定和描述培训需求	—选择学员群体
—确定培训内容	—选择培训师
—设计培训方案	—制定培训大纲
—制定监控措施	—组织培训活动
教学工作	咨询工作
—确定教学方法	—开展教育培训咨询
—确认、监督和培训兼职培训师	—参与外部有关培训组织的活动
—针对需求实施培训	—对企业领导就培训问题提供咨询
—监控培训效果，确保达到企业目标	

图 2-2　培训师的基本任务

1. 社会能力

一般认为，成人学习分两个层次，一是专业方面的显性层次；二是情绪方面的隐性层次。隐性层次的问题（如个人关系）对学习效果有着巨大的影响。为正确引导成人学习过程，培训师必须有社会情绪的敏感性，具有关于成人情绪发展方面的知识以及与成人交往的心理诊疗能力，如适时表示同情、理解、接纳和鼓励以及保持社会公平，即需要培训师有较高的社会能力，即与家庭、朋友、邻居、同事和其他人建立适当和可信任关系的能力，具体表现为：

➢ 设身处地地感受他人的思想和感情；

➢ 对他人的体谅、理解、尊重、信任和耐性；

➢ 作出决定的方式（个人决策或合作决策）；

➢ 领导能力；

> 对待批评；

> 社会性别意识和性别平等。

培训师只有能公平处理社会冲突、创造性地建立良好的学习环境（如民主化的参与式学习氛围）、消除成人学习障碍时，才能保证学习过程顺利进行。

2. 解决问题和组织管理能力

要想让培训班按照计划发展，培训师必须具备一定的领导知识技能以及解决问题的能力和经验，如发现学员的性格特点、调动学员的学习积极性和为学员提供创造成功的机会，具体表现在：

> 获取和加工信息的能力；

> 分析问题和制订计划的能力；

> 目标和过程控制能力；

> 系统化的工作方法；

> 组织能力；

> 创造性地解决问题；

> 沟通、谈判和协调能力。

3. 个性特征

成人对一些特殊的社会问题十分敏感，比如隐瞒事实和不公平待遇等，因此，诚实可靠是培训师与学员建立相互信任关系的基础，它对成人学习的效果产生着重要的影响。此外，培训师的个人魅力，如热情、讲话感染力和幽默感等也非常重要。一个知识渊博，能力全面的培训师，可以在多方面与学员交流并获得学员的尊重甚至敬仰。优秀的培训师应当具备以下个性特征：

> 良好的基本品德（诚实可靠，勤奋努力，遵纪守时，个人意志与毅力）；

> 思维积极，有解决问题的强烈愿望；

> 勇于承担责任，乐于助人；

> 兼有外向和内向性格特征；

> 为人率直；

> 有自我意识，但又有较强的环境适应能力；

> 容易与他人沟通和进行合作学习；

> 承认和尊重传统，又有创新的热情；

> 身体健康，能承受较大的身体和精神压力。

4. 专业能力和职业经验

培训师的专业能力和职业经验是有关某一专业和某个事物（培训内容）的一

切，包括本专业的最新知识和技能、本专业的理论思维模式和反馈能力以及与本专业有关的基本背景知识，如在社会、历史、技术和文化发展的大环境中，对本专业与相关专业的横向比较。为此，培训师需要具备以下基本条件：

> 良好的本专业的基本教育和培训；
> 定期接受专业的继续教育；
> 与同事经常进行专业沟通，交流经验和意见；
> 具有内涵丰富、范围广泛的相关培训经验；
> 个人对培训工作感兴趣；
> 对创新和专业的最新发展有强烈的兴趣。

5. 教学能力

即在不同情境下使用适当教学方法和策略的能力、按照职业学习规律进行教学设计、选择教学方式方法、媒体和学习活动，例如：

> 分析培训需求；
> 组织课堂教学，划分学习小组，主持讨论过程；
> 调动学习积极性，激发创造热情；
> 避免和解决冲突；
> 处理学习过程中的各种突发事件和不良情绪；
> 评价学习效果。

此外，培训师在教学中还应有合理使用肢体语言和提供咨询的能力。

● 职业学校的教师

1. 职业教育教师及其职业的专业化

职业学校的教师是"向学生传授职业知识、技能和行为方式，促进学生思想品德、职业能力和身心健康发展，本人受过专门训练的专门人员"。通常，职业学校教师分两大类，即文化课教师和专业课教师，其中专业课教师又可分为专业理论教师和生产实习教师，亦即目前大力促进的理论和实践一体化的"双师型"教师。事实上，目前各校教师队伍的实际结构要复杂得多。很多教师还承担了一些传统上不属于教师职业活动范围的任务，如劳动市场调查和工作分析。此外，在学校减员增效的大趋势下，教师职责正从单一教学向教学、管理、开发和咨询等复合功能转变，这都对建立高素质的专业化教师队伍提出了要求。

所谓职业的专业化，指一个职业行为向社会所公认的高度专业化的职业过渡的过程。与其他的职业（occupation）相比，专业化的职业（profession）特指那些专业能力要求较高、由于劳动组织方式固定而能力构成明确的社会职业群体，典型的如医生。职业的专业化是通过特别高的教育程度、社会威望和社会影响实现的，需要具备专业权威性和系统化的知识，能提供独立而可信的服务，具有满足专门要求的职业道德，较强的社会职业组织性和特别的收入等。随着技术和社会的发展，教学内容、教学方式和教育技术现代化对职教教师的素质提出了越来越高的要求。实现职教职业的专业化，已经成为许多国家的共识。

尽管存在对职教教师职业描述的不同认识，但大家都认为它应当随着技术和社会发展而不断变化。亚太经合组织（APEC）项目"职教师资标准及其形成方法"为中国职业学校教师确定了一个职业描述：

职业教育教师应当：

在本专业领域掌握坚实的基础理论和专门知识，特别是与应用型人才的职业实践有直接联系的知识，能够正确分析和评价该专业领域的职业活动和工作过程，有一定的课程开发能力。在本专业领域掌握较广的职业实践能力，具备一定实践经验。具有职业教育基本理论基础和能力，能够按照职业学习规律正确分析、评价、设计和实施职业教育教学过程。具有从事职业教育管理工作和处理相关公共关系的基本能力。具有对学生德、智、体美全面发展和职业发展提供指导的能力。具有一定的职业发展能力。

这一职业表述后来对许多国家的职教师资标准制定提供了重要的参考。

2. 实现职教教师职业专业化的途径

实现职教教师职业专业化的一个重要前提，是建立职教教师培养的系统、独立的、具有学术权威的学科体系。目前，学术界一般认为能够有助于实现职教教师职业专业化的学科有两个，即职业教学论和职业学。

职业教学论方案

职业教学论是研究"如何传授一个职业"的理论，是职业教育的学科教学论。它的主要理论研究内容有：①职业与专业学科间的关系（因为职业没有完全对应的学科）；②学科结构；③职业社会特性；④机构性归属。在实践上，职业教学论的研究内容主要是决策域的内容，包括确定教学的目标、内容、教学方式方法和组织形式等。与其他学科教学论研究相比，它特别注意跨学科和有关工作过程知识的研究。

职业教学论研究内容与职业教育的组织形式有密切关系。在以灵活多样的短期或单一工种培训中，它多关心教学模块的选择、组合与实施；在多工种复合型人才培养中，则研究如何按照职业分析结果设计和实施教学过程；而在高层次人才的培养中，技术教学论研究的范围则几乎涉及了整个职业领域（如电气技术或化工技术教学论）。由于职业教育专业教学内容对应多个学科，因此在学科系统化教师培养模式中，职业教学论的学习和研究遇到了很大困难。一些教学论的相关课程（如制图教学法）因为只涉及职业活动的一个片段，而与职业教育的实践要求相差很远。

职业学方案

职业教学论的批评者认为，职业教学论过于侧重教育教学而远离职业实践，在研究对象和研究方法上也难以与其他教育学科区分开来，因此难以单独承担教师职业专业化的重任，因此提出了职业学（vocational discipline）方案。

职业学是系统研究技术实践工作者（技术工人、技师和技术员等）所需能力的科学，是职教师资培养的基本专业内容。职业学将专业工作、技术和教育间的关系作为研究对象，是涉及多个学科（如职业教育学、劳动科学以及各专业学科）的边缘学科。职业学研究的内容主要分为四个领域：

➢ 职业分析。职业分析是职业教育、职业和劳动管理的基础；

➢ 职业教育过程的分析、评价与设计。即研究、制定和评价符合职业发展规律的、与工作过程相关的教学计划和教学情境；

➢ 专业工作过程的分析、评价与设计。现代技术条件下，工作岗位重新成为职业发展的重要学习环境。职业和工作分析是合理人力资源开发的技术基础；

➢ 技术的分析、评价与设计。（与工程师一起）设计开发新技术，为技术工人的职业发展创造条件，是职业学发展的最终目标。

表 2-2　电气领域的职业学研究内容

电气工艺	电气技术的原理、电气设备的结构和功能
电气技术的作用	电气技术及其产品的使用价值
电气技术与社会劳动	作为社会劳动的结果、工具和条件的电气技术
电气技术历史沿革	不同历史发展阶段电气技术的特征
电气技术与环境	电气技术在物质和能量循环过程中的作用

目前，不同职业领域的职业学研究发展很不平衡。一些国家，如德国，不仅有完善的职业领域结构，而且还有大学层次的职教教师培养机制，这类国家一般对职业学有较深入的研究，通常也有国家职教课程开发体系和国家职教研究机构作支持，因此能够传承和发扬本国的研究传统。当一个职业领域的职业教育与高等教育相融合时，职业学研究也就向着国际化方向迈进了一步。不同职业领域的研究活动受到各国职教体制的影响，也受到各国教师培养模式的影响。尽管如此，大家仍在努力建立具有国际可比性的职业教育体系，包括普遍认可的职业教育教师资格标准，这也需要加强职业学研究。

专题三　短期培训的组织实施

● 劳动市场需求分析

劳动市场是劳动力供求双方发生关系的机制。劳动市场信息是关于劳动市场的供需信息和材料，包括经济、社会、人口和劳动力的资料。

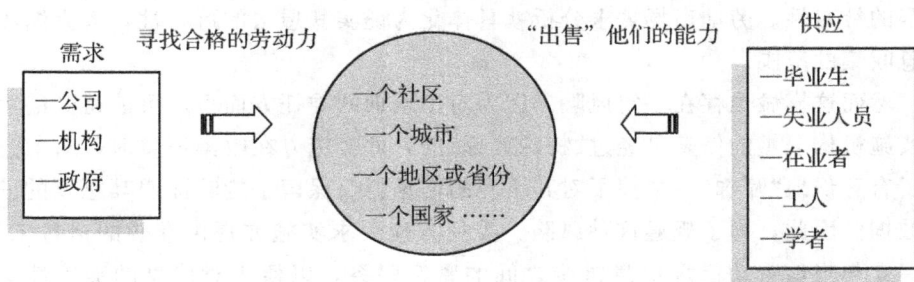

需求　　　　寻找合格的劳动力　　　　　　　　"出售"他们的能力　　供应

需求		供应
—公司	一个社区	—毕业生
—机构	一个城市	—失业人员
—政府	一个地区或省份	—在业者
	一个国家……	—工人
		—学者

图 3-1　劳动市场

1. 劳动市场需求分析的目标

劳动市场分析是培训规划的第一个阶段，其主要目的是确定培训项目的主题，即我们要"培训什么"。在各类培训中，培训主题一般是具体的职业或工种，但也有例外，如为提高某种素质或特定技能而举办的专题培训，可能有以下几种情况：

➤ 目前某地区劳动市场中供需缺口较大的职业或工种；

➤ 虽然目前市场需求不大，但今后需求会增加的职业或工种；

➤ 针对某一企业对某一工种的需求而提供的定向培训；

➤ 针对劳动市场对某一工种特定等级需求，为现有从业人员提供的提高培训。

劳动市场分析应收集的信息主要有：

➤ 劳动市场供需总体情况以及变化趋势；

➤ 各行业/产业劳动力需求情况以及变化趋势；

➤ 按职业分组的供需情况以及变化趋势，特别是供需缺口较大的职业与新兴职业；

➤ 按职业、求职人员类别（如新生劳动力、失业下岗人员等）、技术等级、性别、年龄和文化程度等的供需状况；

➤ 不同地区对不同职业或不同技术等级的劳动力供需情况；

➤ 国外或相邻地区或国家对某一特定职业的需求现状与发展趋势。

2. 收集与分析劳动市场的供需信息的方法

如果培训机构在劳动市场调查之前对培训主题和内容没有初步想法，那么就需要针对以上 6 类信息做大量的收集工作，再通过分析找出可能的一个或多个培训主题，最后根据自身情况选择培训主题。一般培训机构在作市场调查之前就已经有一个初步的培训主题，即"我打算培训什么"。那么收集与分析信息时就会有较强的针对性。劳动市场需求分析就具体化为证实其想法的可行性，大大缩小了信息收集的范围。

然而这样做也存在一定风险。因为对于培训的委托方而言，可能得到的由培训实施机构提供的信息是经过"特殊处理"的，即实施方在收集信息时，对信息进行了有意识地"筛选"，去掉了对其不利的信息，仅保留了能够证明其愿望的信息或数据。因此，为了规避这种风险，委托方应要求实施方提供准确的信息来源，并建立与当地劳动市场信息机构之间的紧密联系，以便于对信息的准确性进行检验。

获得劳动市场供需情况及其发展趋势信息的途径有：

➤ 各级（国家、省、市、区）劳动保障管理部门，通过调查、汇总和分析用工单位空岗信息以及劳动者求职信息，定期通过各种形式向社会发布某一时期供需缺口较大的职业信息；

➤ 社区及街道部门拥有本地区劳动市场供需信息，对规划针对本地区经济特点与结构的培训非常有益；

➤ 其他机构如工会、妇联等也从事职业介绍工作，作为对以上提供渠道的补充；

➢ 除这些"定量"信息以外，还应获得一些"定性"信息，这主要通过与用人单位和求职人员进行个别访谈得到。

表 3-1 国际劳工组织确定的劳动市场关键指标

劳动参与率	由教育引起的失业
就业人员和人口之间的比率	临时的不充分就业
就业状况	失业率
各领域就业	教育程度和文盲
兼职工作人员	生产报酬指数
工作时间	工作报酬和收入指数
非正规就业	每小时劳动成本
失业	劳动生产力和单位劳动成本
年轻人就业	就业弹性
长期失业	贫穷，虽工作依然贫穷

除收集"现成"的信息外，也可自行组织需求调查，如用问卷调查的形式，对某地区所有行业或某一行业的企业需求进行调查。但是这样做需要投入大量时间与精力，且对技术方面的要求也很高，所以在操作之前必须仔细进行规划。在收集到所需信息之后，还应对其进行整理、汇总、分类和分析，从而针对市场需求最终确定培训主题。

在实践中，劳动市场需求分析往往受到时间以及缺少数据等因素的限制。因此即使无法做到最理想的状态，在确定培训主题之前做力所能及的调查与分析仍然是十分必要的。

● 用人单位需求分析

在培训主题确定之后，就要开展用人单位需求分析了。用人单位需求分析的目的是：了解用人单位对该职业或岗位的素质要求，将此作为确定培训内容及其深度的基础。

因为学员经过培训后最终将在用人单位相应的工作岗位上就业，因此培训应当符合用人单位对该岗位的素质要求。培训机构和教师应了解用人单位对该岗位的职责要求，要特别重视从事该岗位工作的专业人员提供的信息。在此基础上，培训机构与教师共同确定培训内容与要求。

用人单位需求分析需要了解的信息包括：

➤ 用人单位要求该岗位的工作人员承担的职责（越具体越好）；

➤ 目前或以前从事该岗位的员工在工作中有哪些不足；

➤ 希望员工能重点加强或提高哪些方面的素质或技能。

获得这些信息后，可将其制成一张岗位职责表，作为制订培训计划的依据。用人单位需求分析的目标、需要获得的信息以及主要的信息获得途径如表 3-2 所示：

表 3-2　用人单位需求

目　标	需要哪些信息	信息获得途径
了解用人单位对某一岗位的职责要求和该岗位的素质要求	—用人单位要求某一岗位的工作人员承担哪些职责？（越具体越好） —这些岗位需要哪些知识、技能和经验 —目前或以前从事岗位的员工在工作中有哪些不足 —希望员工能加强或提高哪些素质和技能？	—用人单位的岗位职责表 —个别访谈 —问卷调查 —集体讨论，岗位工作分析
了解用人单位提供实习机会的可能性	—用人单位是否有兴趣安排学员实习以及相应的要求	—个别访谈 —问卷调查
了解培训结束后用人单位录用学员的可能性	—目前从事该岗位的员工是否具备所需要的技能与素质？ —目前从事该岗位的员工是否合适？在寻找合适工作人员时有什么问题？ —是否有倾向于招收女/男员工的特殊工种？ —是否有计划扩大或缩小生产规模？明年或将来是否会招收更多的员工？ —一般通过什么途径招收员工？ —用人单位在培训员工方面有什么计划？	—个别访谈 —问卷调查

在进行用人单位需求分析时，还需要了解以下两方面的信息。

提供实习机会的可能性

现代培训的一个重要理念是"理论与实际相结合"，因此特别强调学员在培训过程中的实际操作。因此，除课堂上学员在教师的指导下参与一些小的实践活动外，培训项目应尽量安排较长时间让学员到用人单位去实习。这样做的好处是：学员能够在更加真实的工作环境中实践所学的技能，将所学知识与技能综合而灵活地应用；能够接触到潜在的用人单位，从而提高以后就业的可能性等等。因此，在对用人单位进行调查时，还应该了解他们是否有兴趣安排学员实习。这样，在制订实习计划以及寻找实习单位时就可以做到心中有数。

培训结束后录用学员的可能性

为了提高学员学习后的就业率，培训机构在进行用人单位需求分析时，还应了解这些单位录用学员的可能性，包括企业的以下信息：

➤ 目前从事该岗位的员工是否具备所需要的技能与素质？

➤ 目前从事该岗位工作的员工是否合适？在寻找合适工作人员时有什么问题？

➤ 是否有倾向于招收女/男员工的特殊工种？

➤ 是否有计划扩大或缩小生产规模？明年或将来是否会招收更多的员工？

➤ 一般通过什么途径招收员工？

➤ 用人单位在培训员工方面有什么计划？

收集用人单位需求信息可以采用问卷调查、个别访谈和座谈会等形式，这三种方法各自都有其优缺点，应根据特定情况选择最适合的方法。通常，一个全面的调查往往需要结合其中的两种，甚至三种方法。表3-3列出这三种方法的优、缺点：

表3-3　三种方法的优、缺点

方　法	优　点	缺　点
问卷法	—可以在较短的时间内接触到大批人 —相对经济 —通常不记名，因此可以充分表达个人意见 —收集到的数据较容易进行统计分析	—无法收集到问卷上没有列出的问题的信息 —需要时间和技术制定问卷 —很难深入了解问卷反映问题的具体情况 —回收率相对较低 —有些被调查者不回答某些问题或回答不准确
个别访谈	—形式灵活，可正式也可非正式；能够最大程度地让被访者畅所欲言 —发现重要信息后，可以就此深入交流 —可以结合运用多种互动式方法	—较为费时 —较难定量分析与对比 —需要有经验的访问者进行引导

续表

方　法	优　点	缺　点
集体讨论/ 座谈会	—与个别访谈类似，形式灵活。能够用于"分析集体问题""制订集体目标""规划集体活动/任务"等 —能够运用一种或多种小组激励方法 —能够在同时同地收集不同的观点与想法 —能够交流分享经验	—较为费时 —费用较高 —结果较难定量分析

● 培训机构对学员的需求分析

1. 对潜在学员需求分析的意义

　　培训机构及其教师进行潜在学员需求分析的目的是：了解他们的现状、兴趣与愿望，并将其纳入到培训方案的制定过程中，使培训设计更加符合学员的需求。

　　许多培训机构在确定具体的培训内容时不多考虑学员的愿望和已经具备的条件，导致培训内容与学员的实际情况、需求及兴趣间的脱节，同时也无法调动学员学习的积极性。对一些特殊的培训项目，如失业人员再就业培训，目标群体中很多是有特殊情况的、处于不利社会地位的人员，如下岗或失业者、残疾人等，其中妇女可能占到相当的比例。他们有着与其他一般群体不同的特点与要求。例如年龄往往在中年以上且担负着繁重的家庭负担，因此他们可能倾向于选择在周末或离住处不远的培训地点参加培训；或者有的人家庭经济条件优越，参加培训的目的不是为了就业，而是为了打发时间或找到与人交流的机会；或者他们对该培训主题根本不感兴趣。如果不事先了解这些信息，可能会导致学习中的障碍或给学员带来不便。学员需求分析可以避免出现这些问题，所获得的信息对制定培训方案有很重要的参考价值。

　　培训机构对潜在学员需求分析应收集的信息包括：

　　个人信息，包括姓名、年龄、性别、地址和联系电话等。

　　当前的知识与技能水平，包括：

　　➢ 学历，何时参加过哪些职业培训以及获得的证书；

　　➢ 拥有哪些特殊技能或特长；

　　➢ 何时在何单位工作过，从事何种职业。

　　培训需求，主要包括以下信息：

　　➢ 对于即将举办的培训项目是否有兴趣；

　　➢ 如果有兴趣参加，对该培训项目有哪些期望；

　　➢ 对培训内容是否熟悉；

　　➢ 按照招生广告/简章中列出的培训目标与培训内容，认为这一培训项目对未来找工作或改进工作表现方面有什么帮助；

　　➢ 该培训还应实现哪些其他目标或再纳入哪些内容。

　　会影响潜在学员参加培训的因素或条件，包括：

　　➢ 若参加培训，需要获得哪些支持；

➤ 对培训时间与长短有何要求，或能否保证参加培训的时间；

➤ 对培训地点的要求；

➤ 学习对他们意味着什么？对教学方法有什么样的动机、兴趣、看法；

➤ 他们的动机是什么？是否出于自愿；

➤ 他们的现实生活如何；

➤ 培训对他们会产生什么样的冲击；

➤ 学员的优点和缺点等，他们学习的障碍是什么？例如，焦虑、不专心；

➤ 他们在知识和学习方式上有何不同。

如果可能，还可以了解更为详细的需求与信息，特别是针对女性调查对象，如家庭负担、家庭状况、对未来的计划、就业愿望和生活方式等。

2. 收集潜在学员信息的方式

通过多种途径可以收集有关潜在学员的信息，如求职者通常会到职业介绍机构寻找就业机会。在那里，他们需要进行求职登记。这些表格涉及求职者个人的基本信息，如教育背景与工作经历等。培训机构可以到职业介绍机构针对培训主题查询求职登记表或相应的统计数据。

此外，还可以采用问卷调查、个别访谈和座谈会等方式收集信息，这适合以下类型的人群：

➤ 到职业介绍机构寻找工作的求职者；

➤ 职业介绍机构登记在册的求职者；

➤ 街道、社区委员会推荐的当地下岗失业人员；

➤ 参加过相关培训的以往学员。

3. 潜在学员需求分析结论的用途

潜在学员需求分析结论通常可用于以下两个方面：

➤ 作为制订培训方案的参考，如对培训内容的增减、对培训时间与地点的调整、对培训方法的改进等。

➤ 有培训意向的被调查者将是培训项目的生源，保留他们的联系方式以便及时发给他们招生信息。即便如此，在筛选学员时还是应该以公平公正为原则。

由培训机构所作的需求分析主要包括三项工作，即"劳动市场需求分析""潜在用人单位需求分析"和"潜在学员需求分析"。这些分析的目的不同，调查对象也不同，但所需收集信息有时是有交叉的。在分析调查结果时，应该综合考虑，慎重决定。

4. 学员的学习风格分析

学习风格是指对学习者感知不同刺激、并对不同刺激做出反应这两个方面产生影响的所有心理特性，包括：(1)学习者在信息接受加工方面的不同方式；(2)对学习环境和条件的不同需求；(3)认知方式方面的差异，如场依存性和场独立性、沉思型和冲动型等；(4)某些个性意识倾向性因素，如控制点、焦虑水平等；(5)生理类型的差异，如左右脑功能优势等。

可以借助一些专门的量表，如所罗门学习风格自测问卷表等，来测量学习者个体、学习者群体的学习风格，并以此为基础来设计教学。如场依存性的学习者喜欢有人际交流的集体学习情境，喜欢教师给予明确的讲授和指导，喜欢经过良好组织的教材和教学；而场独立性的学习者善于自己确定学习的目标，自己独立钻研进行学习，他们喜欢的是结构比较松散的、有着较大自由度的学习。

了解学习者分析的目的是了解学习者的学习准备情况及其学习风格，为学习内容的选择和组织、学习目标的阐明、教学活动的设计、教学方法与媒体的选用等提供依据，使得职业教育培训活动能够真正促进学习者能力的提高。

深入阅读

乌美娜．教学设计［M］．北京：高等教育出版社，1994

● 制订培训方案

需求分析之后，培训机构就可以开始制订培训方案了。完整的培训方案包含的主要内容有：培训需求分析结论（含劳动市场、用人单位以及潜在学员需求）并附详细的调查报告、培训目标、培训机构、学员及其筛选、培训教材、培训方法、教师、后勤安排（如培训地点、材料设施及食宿等）、培训时间、培训内容、质量监测与评价及预算。

1. 确定培养目标和学习目标

好的培训项目规划是围绕着如何达到目标为中心来进行的。培训的关键问题不是传授哪些培训内容，而是希望学员通过培训能理解、评价以及运用培训内容去解决实际问题。制订培训目标的目的是要明确想要做什么以及怎样实现它。确定培训目标的过程一般分为三个步骤：

确定总的培养目标

培养目标是希望学员实现的基本目标或获得的产出。不同的培训项目有不同的培养目标。培养目标一般包括三方面的要求，即认知目标、情感目标和技能目标。认知目标针对"缺少知识"，即"不知道"的情况；技能目标针对"缺少技能"，即"不会做"的情况；而情感目标往往针对"缺少愿望或有所担心"，即"不愿做"的情况。多数培训项目中会包含以上所有三种类型的目标。

选择学习目标

确定总的培养目标后，应将这一总的培养目标分解成具体的学习目标（或产出），这些学习目标是培训项目取得的成果的具体体现。分解后的学习目标实现后，相应的培养目标也就实现了。

详细说明与表述目标

详细表述的学习目标，是管理、监测和评价培训的有效工具，它通常以"培训结束时，学员将能够……"的格式来表述。学习目标也是判断课程设计是否合理的指标。如果学习目标是"能在实际工作中运用某一技能"，那么在设计课程时就应该安排足够的实习时间。

在职业培训中，培养目标一定要与培训后的学员的就业率有关，因为它是前期需求调查分析以及培训机构促进就业能力的重要指标。

2. 选择培训机构

培训管理机构或企业委托外来培训机构组织实施培训时，需要对培训机构进行选择，选择的标准通常涉及以下几个方面：

培训机构的资历，即提供培训的历史。一般开展培训的时间越长，培训机构的经验也越多。但是资历浅的培训机构往往可能更具创新性。

评价机制。培训机构是否建立并运行良好的评价机制来进行培训质量控制，可在以往进行的培训中了解以下信息：

➢ 学员的评价反馈：他们的满意度；

➢ 辍学率与考核合格率记录，失败或不足的原因分析；

➢ 培训结束后是否给学员足够多的就业机会以及学员的就业率；

➢ 培训结束 6 个月后，学员的稳定就业率统计。

经济状况。培训机构的经济状况是否理想。

设备、场地和交通情况

➢ 培训场地大小、教室多少及其条件是否符合培训目标的要求；

➢ 是否有足够的设备供学员实践；

➢ 培训地点在哪里？交通是否便利。

培训方法

➢ 是否使用多种培训方法和教学媒体？方法媒体选用是否与培训内容相适应；

➢ 是否考虑了学员的知识、技能与经验基础；

➢ 学员是否可以对培训过程实施影响(培训机构是否重视采纳学员的意见)。

➢ 是否有心理和其他辅助措施(心理指导、职业指导)。

实践教学活动

➢ 是否安排有足够的实践练习；

➢ 是否安排到用人单位实习？与怎样的用人单位进行合作。

专业性培训机构是否在该培训项目上有特长。

培训的师资力量

➢ 专业知识/技能/教学和资格，专职与兼职教师的比例；

➢ 需帮助或指导时学员是否容易找到教师。

管理水平

➢ 该培训机构管理是否有效；

➢ 是否有人力资源发展规划？工作人员之间的合作如何；

➢ 对员工有无激励机制？是否具有创新能力。

社会性别取向在以往所开展的培训中的情况：

➤ 女性学员比例如何？女性目标群体是否能接受该培训机构；

➤ 女性教师和管理岗位中女性员工的比例；

➤ 培训内容是否能反映女性的生活状况；

➤ 培训组织是否考虑妇女的其他要求。

是否与同一领域的其他培训机构建立有效和良好的合作机制。

最后应说明的是，不同培训项目需要考虑的重点不同，但好的培训机构提交的报告或证明材料应当能够说明以上各方面的情况。

3. 学员及其筛选

每个人所拥有的知识、技能、经历以及所处的环境不一样，他们的潜能与兴趣也不同，因而适合他们的岗位也不尽相同。选择学员的目的是针对某个职业或岗位，将最具潜能和兴趣的人选择出来，从而保证培训效果的最优。选择学员需要了解以下信息：

基本状况与就业愿望，包括：

➤ 个人基本信息：如姓名、年龄、性别、家庭状况和联系方式等。

➤ 目前所具备的基础，如受教育程度、所学专业、接受过哪些培训及其从中获得怎样的技能与知识、取得过哪些证书等。

➤ 工作经历：在哪些企业、行业、岗位工作过，工作时间等。

➤ 具有哪些特殊技能（特长）与兴趣。（可以与培训专业相关，也可以不相关）

➤ 希望在怎样的行业/企业寻找何种工作。

此外，还应针对具体培训项目的职业或岗位要求，考察学员是否具备某些特定的能力或潜能，如沟通能力、团队精神等；或符合某些特殊的要求，如仪态仪表等。

经过筛选后学员应该在兴趣与潜力方面尽可能一致，而不过分要求年龄与资格方面的一致。学员能力的一致性有助于培训活动的顺利进行，避免出现有些学员"吃不饱"而有些学员"吃不了"的情况，同时还有助于进行学员之间的交流。

如果是参加劳动保障部门的职业技能资格培训，还要考虑职业资格鉴定的特定要求。应保证学员在培训结束后通过职业资格鉴定。

4. 选择教师

现代职业教育培训是以学员为中心的学习过程，教师的任务是协助他们更好而有效地进行该过程。教师不仅是指某一内容方面的专家，还应成为培训活动的主持人或协助者。教师指导培训过程，使学员在这个过程中理解不同的观点，学习新知识、新技能，交流分享不同的人生体验，允许大家接受或拒绝别人的意见，达成共识并共同提高。由此可见，成功的培训需要教师、学员以及其他辅助人员的共同努力。

一名合格的教师应具备的条件主要包括：

➢ 培训内容方面的专家（但如果培训活动的内容是交流经验或制订目标时，培训教师也不一定必须是培训内容的专家）；

➢ 具有丰富的生活经验与常识；

➢ 能运用多种互动式培训方法；

➢ 信任他人，尊重别人的意见，耐心并具有良好的倾听能力；

➢ 具有创造性和灵活性；

➢ 具有组织与激发小组活动的能力；

➢ 能够激发学员自信心与积极性；

➢ 一定的绘画和书写能力。

培训机构在选择教师时应该全面考虑上述因素。当然不同的培训内容对教师的要求不尽相同，应该有所侧重。教师也可以照此来衡量一下自己是否合格。以上素质有些是与生俱来的，有些则可以通过学习来提高。要想成为优秀的教师需要时间和经验，而勇于实践、积极反思与及时总结是最好的提高方式。

5. 选择与编写培训教材

在许多培训中教师会提供给学员厚厚的培训材料，包含众多的文章。但实际上许多文章与培训的主题并无太大的联系，或太长，或晦涩难懂。所以在选择培训材料时，应量少而精且有针对性，每一篇文章应短小而具有可读性。只选与培训主题联系非常紧密而且易于理解的内容，否则学员是不会愿意花费时间与精力去阅读的。

此外，为了使培训更能符合需求，教师首先应该仔细筛选与评价现成的教材，然后在这些教材的基础上，根据内容要求与学员水平将收集到的材料进行改写。

6. 制定经费预算

培训项目需要有经费投入。下列要点将帮助我们做出适当的经费预算：

➢ 市场调查费用，包括问卷设计、发放、回收和分析的费用；组织访谈会的费用；个别访谈的交通及人力投入费用等；

➢ 教学方案制定费用；

➢ 工作人员与教师的工资或课时费；

➢ 培训设备购买或租用费；

➢ 培训场地租用与产生的水、电等物业管理费用；

> 教师与学员的培训材料与文具等；
> 如培训机构计划为学员提供膳食与住宿的话，则包括膳食与住宿费用；
> 如果培训机构计划在媒体上刊登招生广告的话，要包括广告费；
> 通信费用（电话、传真、邮资等）；
> 如果在培训中安排有实地考察的活动，预算中要包括交通费与其他相关费用；
> 培训后的跟踪服务费用，如召开会议、问卷调查等费用。

此外，还应考虑由谁来承担这些费用。如果不是免费培训或全部由学员承担，还应考虑如何进行费用分摊。一般说来，我们希望学员能够全部或部分承担培训费用，这样他们会更加主动积极地投入培训活动中。针对不同的情况，需要考虑学员的承付能力。

● 培训实施过程设计

在明确了培训目标之后，就应当对培训实施中的各个环节和活动进行设计了。这里最重要的，是安排培训活动的逻辑顺序。无论培训活动设计得有多好，如果把它在整个培训项目的逻辑顺序中放错了位置，它能取得的效果就会大打折扣。例如，当你需要学员集中精力并变得紧张的时候，可能学员此时却非常疲惫；或者在亲身实践之前，他们无法接受或理解抽象的理论。

图 3-2　培训过程就像接力赛的规程一样清晰

积极的培训项目不是一连串无序的活动，如果不能对所有的培训活动进行合理的、有逻辑的安排，会造成巨大的浪费。如何将各个活动很好地组合在一起，对于取得良好的培训效果是至关重要的。

如果将培训项目看作一顿丰盛的晚餐的话，那么其中每个具体的培训活动就是一道菜。为了使每一道菜都有自己不同的口味，就需要配以一定的作料。每一个培训活动的三大要素，也就相当于每一道菜的三个主要的作料，它们分别是：

➤ 目标：你决定通过这个培训活动达到什么样的目标。
➤ 方法：怎样实现这一目标。
➤ 形式：通过什么方式运作。

它们将决定你想要创造怎样的活动设计。而且每一个培训活动都应该符合整个培训项目的格调和目标。

在设计培训活动的时候，需要考虑以下一些基本问题：

所设计的培训是否能实现制订的目标

这是需要考虑的最重要的问题。例如，如果将该培训活动设计成"演示"，那么只能展示给学员一种技能或某一行动的一个步骤，而不能提供给学员机会来对相关主题或观点进行讨论。此外，即使选择的培训方法是合适的，如果没有精心设计，那么也不能实现预期的目标。例如，选择"角色扮演"来提供给学员实践的机会，如果设计或组织得不好，学员也无法很好地实践某些技能。

所设计的培训活动对学员的知识或技能有哪些要求

教师对学员的现有知识与技能的评价与分析在设计培训活动时至关重要。例如，一个复杂的规划练习要求学员具备丰富的规划经验，因此对于初涉该领域的学员来说就太难了。可是一个简单的设计对于资深人士而言又太缺乏挑战性。

设计的培训活动需要花费多少时间来完成

在时间管理方面，有一条基本的原则，即当你需要实现某一重要目标的时候，千万不要"克扣"时间。此外，还有一条提示，请把花费时间较长的活动安排在上午而非下午进行。此外，在计算时间时，需要考虑到每一步骤所需要花费的时间。如：设计一个小组讨论活动时，需要把介绍讨论主题与任务、分组、小组活动时间、小组汇报讨论结果的时间以及后续总结、反思的时间全部计算在内。

这样的活动设计是否适合于现有的学员规模

有些活动不适合由很多人参加，例如，"角色扮演"就不适合人数超过三十的学员规模，因为不好监督与控制。而有些则不适合只有少数人参加的培训，例如，如果进行"头脑风暴"活动而小组规模很小（少于七人），小组成员就会感觉很紧张。

这样的培训设计对于教师来说是否熟悉

教师在作培训设计时，应坚持的一条原则是：永远不要勉强自己去运用不熟悉的培训方法。在保证培训目标的实现以及培训效果的基础上，教师应该尽可能选择自己熟悉的方法。当然，教师应该勇于尝试一些新方法，但是当对运用该新方法把握不大时，最好不要贸然使用，或者较为安全的做法是作为助手协助其他有经验的教师共同完成。

对于以上五个问题，不一定都能在事先就全部回答出来。当教师设计培训活动的时候，经验是最好的老师。教师最希望做到的是能够预计实际使用这样的培训设计时可能会发生什么情况。作为教师，冒一些小的风险是必要的，检验你的设计是否正确的唯一方法是试着使用它。最好的办法是每次在你运用你惯常使用的培训模式或方法时，改变其中某一部分的设计，这样你就可以扩展你的技能范围并增加你的"保留节目"。

此外，当所要设计的培训活动的目标、方法与形式都确定之后，还有一些细节问题需要注意。例如：

➢ 培训内容的复杂程度如何？培训内容越复杂，需要的培训方法就越多；

➢ 激励学员：教师怎样说或做能够激励学员参与；

➢ 较高参与度对培训活动而言其重要程度如何；

➢ 你所选择的一套培训方法是否能够促进不同的参与度与激发不同感官的运用；

➢ 要点与任务：整个活动的要点是什么？教师要求学员应在该活动中完成什么任务；

➢ 材料：教师或学员在完成该培训活动时需要得到哪些材料；

➢ 环境：如何布置培训环境；

➢ 对运用所选方法的前期准备工作量有多大；

➢ 所选的培训方法在实施的文化背景中是否适用；

➢ 结尾：在开始下一个活动之前，你是准备说一番结束语呢，还是让学生开展讨论。

● 实　习

实习是实施培训项目，特别是职业学校教育和为期较长的培训项目中不可或缺的一个环节。实习是使学员掌握实践经验的重要手段。对于企业外的培训机构开展的职前培训，实习还可以加强学员与用人单位的联系，提高他们在培训结束之后的就业可能性。

图 3-3　实习的重要性

1. 实习的种类

实习主要分为岗位认识实习和轮岗培训两种。岗位认识实习通常主要是针对职前培训的，在职后培训中偶尔也有应用。岗位认识实习的核心是有计划的"认识"和"展示"，其主要教学媒体是由培训部门或实习者(小组)自己开发岗位分析引导课文。其中一个很重要的环节是将获得的知识在一个跨部门的行动中展示。在职后培训中进行的认识实习的目的，主要是加强和改善企业员工以及部门间的合作关系。因为合作的基础是大家的相互了解，知道别人(部门)的能力和期望。通过岗位认识实习，员工可以了解企业的全貌以及其他部门的情况，这是建立理解、信任和团结的企业文化的基础。

如果说岗位认识实习的目的是发展方法和社会能力的话，轮岗培训(job-rotation)的目的则是扩展专业能力。轮岗培训是让受训者在预定时期内变换工作岗位，获得不同岗位的工作经验。如受训者有计划地到如生产、销售和财务等部门学习，或实际参与所在部门的工作，或仅仅作为观察者，以大体了解所在部门的业务。

　　轮岗培训是大企业通行的一种培训方法。如果受训者是新职工，培训的目的主要是增加其对企业的了解、丰富工作经验，明确自己的长处和弱点，找到自己适合的位置。轮岗培训还可以帮助新职工练习和体会其他相近岗位的任务和职责，了解这些岗位的知识技能要求以及员工的期望值，学习多个方面的专业知识技能，为实现工作的柔性化管理打下基础。在试用期阶段，轮岗培训也为人事部门的工作安排提供依据。

　　轮岗培训是鼓励"通才化"的方法，适合于一般管理人员的培训，不适用于特定岗位的管理人员。为了提高培训效果，应注意以下几点：

　　➢ 工作轮换计划应根据每个受训者的具体情况制订，应将企业需求与受训者的兴趣、能力倾向和职业爱好相结合；

　　➢ 受训者在某一部门工作时间的长短，应视其学习进度而定；

　　➢ 应配备有经验的指导者为受训者安排任务，并对其工作进行总结和评价。

2. 寻找实习单位

　　对于企业外培训机构来说，选择实习单位的工作不应该拖到实习即将开始前才进行，而应该在培训刚开始后，甚至开始之前就要着手进行了。这是因为，如不尽早与用人单位进行联系，那么有可能与企业自身用人计划发生矛盾。一般企业不可能在人手充足或实习岗位上现有工作人员称职且工作任务较重（工作人员没有时间对实习学员进行指导）的情况下安排企业实习。在一些特殊时期（如春节）有的企业根本不会有用人需求，有些则可能需求急增。这都要求我们尽早与企业联系，了解他们的状况与愿望。

　　在培训需求分析阶段对用人单位进行需求调查时，应把"是否愿意接收学员在企业内实习"或"是否有可能接纳合格学员在本企业就业"作为调查的一个内容。这样就可从被调查企业中找到潜在实习单位与用人单位。潜在用人单位可以通过实习了解学员是否能够成为合适的员工，同时学员也可能通过实习得到就业的机会。因此，在培训项目开始之后，就应该及时将实习计划与相应要求传达到企业（特别是人事部门），并与其沟通协调具体事宜。

　　此外，还可以采用其他方式与企业建立联系。如培训机构可在企业黄页中寻找合适企业，然后给这些企业的人事部门打电话，自报家门并介绍培训项目的情况，同时提出合作请求。这种方法的成功实施在很大程度上取决于打电话人的语言沟通能力，当然培训机构自身在社会上的名气与信誉也很重要。此外，也可以用发函方式与企业联系。但电话和信函联系的成功率都不会太高，原因是现代人的防范意识比较强。当然，如果学员愿意，还可以让学员自己寻找实习单位。

3. 实习计划

实习计划应至少包含以下内容，即实习目标、内容、时间、监测与评价方法、预算以及如何分摊费用等等。

制订实习目标与内容时，应特别考虑学员对实习的要求。最好在实习前通过问卷或访谈方式深入了解学员的要求，如他们觉得哪些技能在课堂学习时实践不够；哪些需要在真实的工作环境下锻炼；他们倾向于在怎样的企业实习等。在此基础上，应对培训计划进行调整与完善。

在与实习单位联系时，除要告知实习计划中的大部分信息外，还要介绍其他信息，如培训机构简介、培训项目简介、学员在实习之前已经学习的知识与技能、推荐实习的学员数量与个人状况、是否需要企业承担费用、与培训机构的联系方式等。如果有可能，最好与实习单位签订实习合同或协议，以明确各自的责、权、利。实习结束后，教师应对实习进行评价并根据评价结果调整今后的培训。

在培训过程特别是实习阶段对学员进行职业指导，有助于提高学员的就业率。具体可以采取以下措施：

➢ 在培训内容中加入求职技巧课程；
➢ 安排学员与职业指导员的群体或个别交流；
➢ 积极与潜在用人单位联系并进行推荐；
➢ 组织学员参加招聘会；
➢ 收集招聘广告/信息并即时向学员发布；
➢ 陪伴学员去企业应聘等。

专题四　参与式培训

● **参与式研讨会**

1．参与式研讨会的概念

"参与式"（partizipative）方法是目前国际上普遍提倡的一种进行培训、教学和研讨的方法。这种方法力图使所有在场的人都投入到学习活动中，都有表达和交流的机会，在对话中产生新的思想和认识，丰富个人体验，参与集体决策，进而提高自己改变现状的能力和信心。这里，可以从多个角度了解参与的概念：

➢ 参与是一种理念，强调所有相关人员对事务的介入，包括对该事务的决策、规划、实施、管理、监督和评价等；

➢ 参与是一个发展、演化的过程，在这一过程中，所有相关人员的自尊、自信和自主性都得到了提高；

➢ 参与式研讨需要特定的方法和工具的支持，如角色扮演、讨论和张贴板等。

作为职业教育与培训的方式，参与式研讨会充分利用成人学习的特点，尽可能创设一个轻松愉悦的学习环境，结合成人的已有经验，利用视觉、听觉、触觉、表达等多种辅助手段，引导他们积极思考、自我监测和多向交流，具有触及感情、引发思考、提出问题、寻找答案和推动实践的作用。

参与式研讨会的参与者包括教师、主持人（教师和主持人可以是同一个人，也可以是多个人）和学员，他们之间的关系不是传统的教师与学生的关系。其中，

图 4-1　参与式研讨会场景

教师是方法专家；学习者是研讨工作的主体，他们的需求、期望和参与程度（而不是知识技能）决定着学习效果。

2. 参与式研讨会的基本原则

通过常设情境，引导参与者在活动、表现和体验中反思自己的经验与观念，在交流和分享中学习他人的长处，产生新的思想，达到新的认识，从而实现自我提高，并能够采取行动改变现状。参与式研讨会的规划和实施必须遵循以下几个基本原则：

平等参与

参与式研讨会是一个系统的、互动的学习过程，所有参与者都应积极、平等地参与，其指导思想是：任何长期、艰苦不懈的努力都来自人的内心而不是外来思想；最快深入人的内心的途径就是与他们建立平等的关系。因此，教师应当以平等的态度面对学习者，在充分沟通的基础上与他们进行交流，引导和启发他们自己发现、分析和解决问题，激发他们自我发展的愿望和能力；学习者应当以开放的心态参加培训活动，主动与他人分享自己的经验和观点，积极合作，学会对自己的学习和小组的共同学习负责。

尊重多元

参与式研讨会的基本出发点是尊重多元、形式多样，而不是将复杂的事物简单化。不同的个体和群体对同样的事物通常有不同的看法，采取不同的行动。教师应让大家把自己的观点都表达出来，这样不仅能够起到推动民主的作用，而且能够拓宽大家的视野，为创新思想奠定基础。

利用已有经验，主动构建知识

参与式研讨会鼓励学习者利用自己已有的经验，在合作交流中产生新的想法。教师事先应了解学习者的背景，以便他们在已有经验的基础上提供新的信息，组织新的活动。如果学习者感到自己的经验是有价值的，他在与他人分享这些经验时就会有主人翁的感觉，不仅会对自己的经验进行重新评价，整合自己多方面的知识，而且能从别人那里获得启示和灵感，在交流中生成新的知识和体验。

重视过程，促成变化

学习是一种社会事件，是由人、活动和世界相互作用的一个过程。学习不只是为了增加知识，更重要的是学习者能够加入到参加变革的过程。参与式研讨会特别重视培训过程，因为过程能引起学习者的思变，改变他们的知觉以及为行动所作的准备。在参与的过程中，学习者被要求不断对自己的思想、行为、感情反应和学习策略进行反思，加深对自己的认识，这非常有利于学习者在今后的学习和工作中利用所学到的知识。

理论联系实际

参与式研讨会强调在真实的情境下学习，激发参与者针对实际问题进行思考。培训的目的不是提供事实性的知识，而是促使他们进行有针对性的、高层次的学习。参与式学习讨论的问题一般是综合性和开发性的，能够鼓励大家进行创造性的深入思考，形成多元解答，产生丰富而个性化的问题解决策略。参与式研讨会的学习内容不是动听的理论，而是真实、具体、直观和针对性强的解决方案。

参与式研讨会适合不同的学习和工作场合，如各级各类学校的教育和职业培训，特别是成人教育培训，包括教师培训、管理人员培训、再就业培训等，以及企业的员工培训以及社会发展和人力开发项目，甚至可以应用于日常生活、学习和工作中。

3. 参与式研讨会的规划与实施

准备工作

准备工作一般由一个主持人小组承担，其内容是回答以下几个问题：

➢ 研讨班的目的；

➢ 参与者是谁；有多少人；

➢ 参与者有哪些特点？这一组人有怎样的人员结构。

在此基础上，主持人小组将研讨主题划分为若干个二级题目并对此进行排序，设想出整个研讨过程，并为每一个二级甚至更小的题目选择合适的方法。如果主持人对研讨题目了解不深，还需要学习相关资料。可能时，主持人应当事先观察研讨活动地，仔细讨论日程安排、决定分组规模。这时，还应确定主持人之间的分工。准备工作的最后，要列出一个研讨会日程安排和一天的详细计划，以及在研讨会开班前支持小组每个人的工作。

研讨会开始之前

与有关领导进行一次碰面，确保参与者能够充分参加活动。应强调，领导如果参加，应与其他人以平等的身份参与。根据研讨班的时间的长短和客体复杂程度，主持人和后勤人员应提前 2～3 天在研讨地点碰头，重新审定参与者名单，必要时修改详细日程安排，准备所有的物质条件，如座椅和张贴板等。

研讨教室的空间应足够大，保证参与者站立起来并借助体态语能发言。应为小组活动准备独立的房间或能把大房间分割成小的空间。是否需要桌子，可根据参与者人数和研讨内容确定。

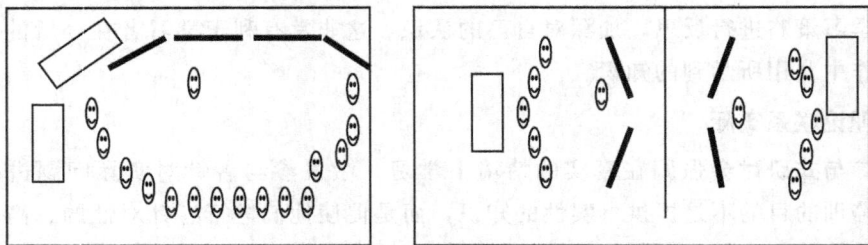

图 4-2　研讨会形式

研讨会进行

开幕式

要对第一天活动进行详细计划。可请领导或权威人士在研讨开始时发言，但最好不要进行正式的开幕式，特别是当讲话者同时也是参与者时，因为这会违背参与式研讨会的平等参与原则。如果一定要进行开幕式，可将其与接下来的研讨活动在时间和地点上进行区分，如开幕式结束后稍事休息，重新安排会场，或进行某种游戏，表示过渡到了一种随和的工作气氛。应进行一些热身活动，鼓励参与者进入到研讨中。另外也可将开幕式与参与式研讨活动结合在一起，如邀请领导参加"专家访谈"或"专家论坛"，而不是发表演讲。参与者可以向他们提问题，主持人将这些问题在张贴板或 Flip Chart 上直观展示出来。

说明目标

主持人用直观形式（如 Flip Chart）介绍研讨目标，讨论并明确之。必要时可对已准备的目标作微小修改。此时，可用卡片收集了解参与者对研讨班的期望，可能时还应了解学员担心发生的问题。对此进行分类，将结果保留起来，留在研讨结束时评价使用。

介绍日程安排

讨论了目标达成一致意见后，主持人用直观形式介绍建议的日程安排，包括研讨方法，但不详细介绍。

研讨活动期间

前一天晚上应对第二天的活动进行最后准备。每位主持人都有明确的职责，但他们在每天研讨结束后，也应当一起评价当天的活动效果，并根据评价结果，确定是否对未来的计划进行调整。

研讨活动之后

研讨会结束后，支持小组应进行内部评价。评价与参与者的自我评价和支持人的经验为基础，大家对研讨活动的成果达成共识。在此，可以确定组织机构今后应开展的后续活动，如撰写报告或开展下一步的研讨或培训。一段时间以后，还可以进行参与者的跟踪调查，确定研讨内容在多大程度上得到了推广应用。

关于时间管理

优秀的主持人应当能针对研讨会的内容、时间安排和当地习俗对研讨班进行有效的时间管理。如研讨时间长于一周时，应安排一天实地考察；连续三天以上的活动，要考虑活动节奏有所变化。

研讨计划应考虑研讨和练习方法的变化。如果连续进行三次头脑风暴，参与者有可能会感到厌烦。

建议晚上安排一些活动。可播放与研讨内容有关的录像片，也可以安排一些业余活动，加强参与者之间的联系。

4. 参与式研讨会的基本原则

遵循参与式研讨工作的基本原则对于参与式研讨会的成功非常重要。很多人指责参与式探讨会组织混乱、效率低下。事实上，如果按照以下原则行事，就会避免那些经常遭到批评的常见错误。下面的规则是一些常识，不需要全部介绍给参与者，但主持人在内心应当非常清楚。

卡片书写

- ➤ 一张卡片只写一个观点，便于对卡片进行分类和整理；
- ➤ 每个卡片最多写两行字；
- ➤ 找些关键词，避免使用长句；
- ➤ 要写得尽量大一些，让人在 10 米以外可以看清；
- ➤ 用两种字体将主要观点区分开来；
- ➤ 用不同大小、形状和颜色的卡片代表不同的含义；
- ➤ 记住代表不同观点的颜色代码。

卡片书写规则要教给所有参与者。以下规则没有必要详细介绍给学习者。

对参与者的态度

- ➤ 每个参与者都是有经验的人，每个有经验的人都是参与者的一员；

➢ 参与者之间应相互帮助；

➢ 每个观点都很重要；

➢ 将不同意见和相反观点直观展示出来，并在适当时候讨论；

➢ 尽快处理参与者的不愉快情绪；

➢ 利用"出示黄牌"技巧，防止个别参与者讲话时间太长；

➢ 将参与式讨论作为一个学习过程，学会容忍和接受别人的观点。

小组讨论的规则

➢ 安排适合讨论的场地和设施，如椅子 U 形摆放，配备展示板；

➢ 将任务写在纸上展示出来，如有必要，与助理主持一起进行展示；

➢ 要分清主持人、发言人或展示者的任务；

➢ 用卡片收集意见时，不要相互讨论；

➢ 对收集起来的卡片进行讨论和分类，给每一组观点确定标题；

➢ 划分小组，确定分工，安排小组成果汇报。

小组讨论成果汇报的规则

➢ 汇报小组面对大家站立，与全体进行目光交流；

➢ 发言代表代表小组的意见而不是个人意见；

➢ 可用角色扮演等方法增强展示的效果的生动性；

➢ 发言时，可用参与式方法调动全体人员的积极性；

➢ 不做冗长的解释；

➢ 在给定的时间内可以调整发言。

主持人的基本工作原则

主持人的基本职责是为参与者的学习扫清障碍，这里首先应注意：

➢ 只有确认某种参与式方法在讨论中的功能时，才考虑采用；

➢ 每个环节都要与助理主持人一起讨论，进行充分准备；

➢ 考虑时间因素但不完全受时间计划的控制，计划时间时留有余地；

➢ 不要试图控制活动过程，好的主持人要使自己显得多余；

➢ 在适当的时候提出关键的问题；

➢ 不要强行让参与者留下来参加活动。

此外，以下一些有益的建议供主持人参考：

➢ 清楚、详细地解释任务，并用书面形式展示出来；

➢ 每一部分开始时，用直观方法简单介绍内容安排；

➢ 与参与者一起讨论，发现他们的需求；

➢ 不要对问题和批评意见做太长的解释，将这些问题交给参与者；

➢ 接受批评或相反的观点，将其展示出来留作以后适当时处理；

➢ 不要为选择的方法辩解，但可以提出供选择的其他方法；

➢ 两个主持人不要同时主持，一人为主主持活动时；另一人也应保持与参与者的接触，如发放材料；

➢ 帮助参与者找到所需要的东西，如何做伙伴、学习材料或信息，有助于增强他们的信心；

➢ 发现某小组进展缓慢时，建议采用其他的方法，推动小组活动进行；

➢ 帮助参与者将自己的经验与别人关心的问题结合在一起，有助于讨论；

➢ 创造机会，让参与者在实际的情境中检验新学的知识和技能；

➢ 鼓励参与者自己寻找答案，即便是这些答案显而易见，给出现成答案很方便；

➢ 对建设性和批评性意见做出诚恳的反映，承认自己的不足，并向赞誉者学习。

这些建议可以放在支持人的"口袋"里，必要时拿出来使用。

深入阅读

陈向明．在参与中学习与行动——参与式方法培训指南［M］．北京：教育科学出版社，2003

● 参与式活动的基本方法举例

参与式活动方法有很多，有的用的比较多，有的只是偶尔使用；有的用于新课题的引入，有的用于一个阶段结束时的评价。主持人要针对具体参与者和课题情况选择最合适的方法，甚至创造富有新意的方法。这时，参与式活动的主持工作就成了艺术。下文为一些最基本的参与式活动方法。对此，主持人应做到既得心应手，又不滥用。

1. 相互认识

在参与式活动中，主持人尽快认识学员以及学员之间相互认识是非常重要的。这里，应尽量避免常用的在桌子上准备好印刷精美的桌签的做法。可以采用以下方法相互认识：

➤ 学员在空白卡片上写上名字后放在教室地板的中央。主持人要求一个不认识他的学员按照标签找到此人。此方法迫使人们认识陌生人，从而减少交流障碍。

➤ 一种迅速而简便的方法是，让学员直接在胶带上写上名字贴在衣服上，然后再将胶带和记号笔传给下一个学员。

➤ 学员需要选择一种意见时，在卡片上写下自己的名字，钉在选择的观点旁边。

➤ 采用游戏方式，如大家围坐成一圈，首先在两个相邻学员之间进行交流，然后由一个学员说出另一个学员的名字和简况（如工作单位和工作经验等），然后按次序介绍所有人。

2. 在培训中增加交流

在连续一天或几天的培训中，学员彼此之间往往了解不多。为了增进学员之间的了解，活跃气氛，主持人可以提供一些让学员展示自我的机会，促进彼此更多的交流。

在每次上课前，主持人抽出 5 分钟左右的时间，请 5 个人来介绍自己，并且规定每个人在自我介绍中，都要介绍自己的兴趣爱好，告诉大家你非常希望结识哪方面的朋友；也可以告诉大家，你的专长是什么，可以解决那些方面的问题。在培训中，主持人在遇到某些情况时，也可以提示大家请教某人，因为他在那个方面很擅长。

　　人们喜欢和自己相像的人。在陌生环境中，遇到志趣相投的朋友，会极大地减少环境所带来的压力和拘束感。并且在潜意识中，人们对待培训的看法和评价会发生微妙的积极变化。

　　这项活动如果运用得成功，可以增加全体成员之间的凝聚力和默契程度，使得人们更愿意彼此在培训结束后继续往来。

3. 全体活动与小组讨论

　　全体活动（会议、学习）是所有参与式活动的中心，它是开始活动的地方，也是最后评价的地方。通过全体活动，学员讨论并确定日程安排、选择议题和主要论点、控制活动进行方向并进行详细总结。但如果全体活动持续数小时，人们会感觉不舒服和乏味。相比之下，小组工作则有以下优势：

　　➢ 提供了激励人心的变化机会，强化参与者之间的交流；

　　➢ 通过为不同小组布置不同任务，或让不同小组处理同一问题的不同方面，有机会同时讨论若干个问题；

　　➢ 小组活动可以完成要求高、强度大和有创造性的任务，而同样的任务在大组中让全体学员一起完成，常常只能以混乱场面结束；

　　➢ 此外，小组活动有助于帮助内向或害羞的学员参与到活动中来。

　　小组活动时应特别注意小组规模。小组成员应不超过8人，以保证每人都有机会参与；同时还应多于3人，以保证获得足够的信息。在确定问题或制订计划时，理想的小组规模以5人为宜。多于5人时小组活动需要时间很长，而且可能会出现异常，即小组中有些人会主宰讨论过程，控制讨论结果，其他人则被排挤在讨论之外。

　　小组活动的结果汇报可以采取直观展示、角色扮演、绘图或小组全体成员参加的互动练习等多种形式展现。

小组的组成

　　小组活动的关键问题是如何将全体学员分成小组。一般说来，有三种组成小组的方式，即随机组合、预先设计、选择性组合。

　　➢ 随机组合：随机组合小组的成员可能具有更多差异，适合问题讨论和经验交流。在活动开始时，这种组合更适合培养集体精神，让不同背景的人相互熟悉。随机组合的方法可以是通过报数或用几种卡片或符号代表不同的组，将卡片或符号放在帽子或盒子里，让大家随机抽取。

　　➢ 预先设计：根据已有专业知识、工作单位和背景以及个人情况来分组。

　　➢ 选择性组合：学员选择自己想加入的小组。通常要求学员将自己姓名写在卡片上，然后钉在选择的主题旁。如果某个小组人数过多或过少，主持人可以把小组再划分成两个小组，或询问是否有人愿意换到其他组。

小组讨论的形式

➤ 蜂音小组。指在不打乱全体会议的形式下，由相邻 2、3 人组成一个小组讨论某个问题，活动结果以整句形式写在长条卡片纸上展示。该方法用于从全体学员中快速得到某些反应，如就讨论议题提出建议。蜂音小组中需要讨论的问题必须清晰、具有启发性且能直观展示。

➤ 小组考察。当小组讨论难以继续或陷于困境或因为个别人主宰讨论而影响小组活动进展时，主持人可建议他们到其他小组看看别人在做什么。小组考察可以激发新的想法，帮助小组打破僵局，同时建立一种健康的竞争气氛。

➤ 轮流式全体会议。在小组活动期间设置一到两次暂停，请学员回到全体会议，在教师的带领下轮流到各小组参观并听取该小组的介绍。这种方法有利于学员从其他小组获得新的观点并改进自己小组的工作。轮流式全体会议需主持人认真引导，要求每个人站着，注意听取其他小组代表讲解，并且做到使全体成员迅速移动。

4. 讨论活动的设计

在培训教学中，我们经常会发现一个有趣的现象，每当课程中需要互动讨论时（包括小组讨论），大家往往立刻低下头，生怕被第一个叫到发言。为了在需要讨论时，能够轻松地找到第一个发言者，可以设计以下的活动：主持人可以发给每人一张小纸条，请大家写出一条与众不同的开始方式，如每当需要讨论的时候，我们或者从头发最长的人开始，或者从鼻子最大的人开始，或者从衣服颜色最多的人开始，或者从身体最瘦的人开始……让学员自己设计一些五花八门的开始方式。给大家两分钟的时间，写好后将纸条折起来，放到透明的大瓶子里。在需要的时候，主持人将纸条取出，以学员发明的（幽默的）方式，找到第一个发言的人。此活动在听众人数小于 20 人的场合使用，效果最佳；如果学员人数过多，则此游戏仅限于在小组讨论时使用，否则有可能影响正常的培训进程，耗费过多的课程时间。

这项活动不仅巧妙地解决了谁先回答的问题，而且让学员主动参与了课程，活跃了培训气氛，激发了学员的创造力，更让培训在进行的过程中不时充满幽默的氛围。

5. 直观展示的讨论

直观展示的讨论可以记录公开讨论的要点。其步骤为：

➤ 就一个主题展开讨论。一位主持人主持讨论，另一位主持人将讨论的观点写在卡片上。

➤ 讨论结束后，后者将卡片钉在张贴板上进行归类和总结。

评论：本方法适合参与者之间比较了解的讨论。方法成功的关键，是让所有参与者感到讨论后的总结确实包含了全部主要的观点。

6. 单个圆点问题

单个圆点问题法可以快速总结针对某个问题的各种观点和立场。其步骤为：

➤ 参与者在有多种选择的表格中的某个位置放置一个彩色圆点卡片，快速表达自己的观点。所有参与者放好圆点后，大家共同解释结果。

评论：本方法适合决定下一步活动内容、打破讨论僵局和表达某种感受。根据问题性质的不同，这种讨论可以公开或不公开进行。主持人不做评判。

7. 卡片法

卡片法可以快速收集参与者的意见，并进行分类、归纳和总结。其步骤为：

➤ 主持人陈述和直观展示问题，发给每位参与者数量相同的长方形卡片。如果收集的题目不止一个（如机会和问题），则用不同颜色代表不同观点；

➤ 参与者按照书写原则填写卡片，写好后反过来放在地下；

➤ 主持人按题目收集起卡片并打乱顺序，钉在张贴板上；

➤ 针对每一个题目对卡片进行归类，注意不要将内容相同的卡片扔掉，因为每张卡片都属于一个人，观点相同表明其重要性；

➤ 所有参与者共同对卡片的归类进行检查，必要时进行修改和调整，用不同颜色和形状的卡片加上标题；

➤ 如有必要，可以让参与者用圆点卡片投票决定卡片类别的重要程度，确定最先需要讨论的问题。

评论：卡片法收集信息非常有效，归类结果为分析问题提供了很好的基础。本方法耗费时间多，建议不要过多使用，否则容易引起参与者厌烦。

8. 多个圆点问题

参与者可以在不同选项之间选择他们认为最重要的问题。其步骤为：

➤ 在收集卡片之后，每个人都有机会将手中的几个圆点卡片放在供选择的选项上，标明自己的选择意见。这样，就可以对各选项的内容标出先后顺序。圆点最多的表示最重要，今后应当优先讨论。

说明：每个人得到的圆点卡片数取决于参与者总数和选项数。如有 15 个选项和 20 个参与者时，一般发给每个人 2～3 个圆点。

9. 交通信号

集中交通信号可以在参与式研讨中促进创造性的活动开展，减少冲突。

➤　发给每位参与者一张黄色卡片（可画上感叹号）。当某人说话太多无法控制或争论不休时，有两三人举起黄色卡片，当事人就必须停止发言或争论。本方法可能不适合某些特殊文化背景下的讨论活动。

➤　发给每位参与者一张画有问号的卡片，当有必要对某一问题进一步澄清或需要更多信息时，可使用本卡片。醒目的问号提醒主持人不要忘记这个问题。

➤　画有闪电的卡片，表示暂不能解决的矛盾或相互冲突的观点。此符号让主持人将这些问题暂时放在一边，特别是只涉及少数人时，同时又保证这个问题以后能得到解决。

10. 破冰活动（热身活动）

参与式研讨会中大量使用游戏和练习，如破冰活动，用于改善互动和交流的效果，提高交流的质和量。破冰活动必须充分准备，明确活动步骤。理想状况下，破冰活动应和下一培训活动或整个培训主题间有直接联系。下面简单介绍两个破冰活动形式：

电缆

要求一学员自愿离开房间。其他人围成一个圈，表示是一根电缆线，电缆线有一线头，离开房间的自愿者的任务是找到这个线头。然后请志愿者进来，用触摸学员头的方法寻找电缆线头。在此人进来之前，小组成员约定，当他触摸某个人的头后，所有人要尖叫，让他大吃一惊。此活动的目的是使参与者集中注意一个目标。由于可能会让自愿者大吃一惊，所以要事先询问他的心脏情况。

发现领导

要求一名自愿者从房间里出去。然后其他参与者面向内站成一个圈，指定一名小组长，小组长活动身体某个部位，其他人模仿，之后小组长的动作不断变化。请房间外面的自愿者进来站在圆圈中间找出引导其他人活动的领导者。在规定时间内让自愿者猜三次。此练习的目的是集中注意力，为下一步任务准备好充沛的精力。

11. 录像（VCD/DVD）

看录像非常适用于学习经验，有助于激发学员兴趣。录像内容往往是想要引入的思想与技能的介绍或演示。播放录像的步骤为：

➤　准备：教师在放录像之前准备一些要点，即希望学员在录像获得的信息。此外，教师还应从技术的角度检查并试用相关的设备，如电视机等。

➤　解释任务：教师解释观看录像内容的目的，明确在看录像过程中重要的事情（如记录要点）以及看完录像后将做的事情（如讨论或练习任务等）。

➤　播放录像：教师除注意播放的技术问题外，还应观察学员的反应。

➢ 介绍或总结要点：看完录像后，组织学员讨论相关内容及其感受或总结要点。

评论：尽管学员看录像时处在一种被动的状态，但是如果这种方法能够与随后的讨论结合得好，也能取得很好的学习效果。

本方法还可演变成微格教学法，即由学员或学员小组就某一主题自己拍摄录像，然后播放给教师及其他学员看，继而开展讨论；或由教师在小组讨论、学员汇报或角色扮演时拍摄当时的场景，然后再播放给学员看，帮助他们发现和纠正问题。

● 张贴板和 Flipchart 的使用技巧

1. 张贴板 (Pinwand)

张贴板是一种可用特制大头针，随意钉、挂写有文字的卡片或图表的硬泡沫塑料或软木板。在张贴板面上，可以钉上由参与者填写的、有关讨论或教学内容的卡通纸片，通过添加、移动、拿掉或更换卡通纸片而展开讨论、得出结论。

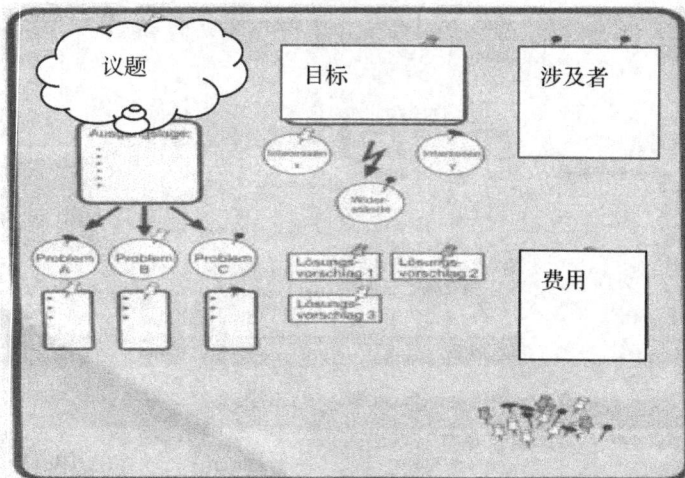

图 4-3　张贴板示例

张贴板可用来收集和界定问题、征询意见、制订工作计划、收集解决问题的建议以及做出决定。它的突出优点是，最大限度地调动所有学生的学习积极性，有效克服谈话法不能记录交谈信息内容和传统黑板上文字内容难以更改、归类和加工整理的缺点，在短时间获得最多的信息。张贴板的缺点是占用时间较多，而且只能用在较小班组中。使用张贴讨论问题的程序一般为：

➤ 主持人准备。包括研讨题目、目标和过程阶段划分等。

➤ 开题。常采用谈话或讨论式。主持人提出要讨论或解决的课题，并将题目写在云彩形等特殊形状或颜色的卡片上，钉在张贴板上。

➤ 收集意见。参与者把自己的意见以关键词的形式写在卡片上，并由主持人、参与者自己或参与者代表钉在张贴板上。

➤ 加工整理。主持人和参与者共同通过添加、移动、取消、分组和归类等方法，将卡片进行整理和系统化处理，得出结论。

➢ 总结。主持人总结讨论结果。必要时，可用各种颜色的连线、箭头、边框等符号画写在纸上。记录最终结果。

主持人在讨论中应节制自己的主动行为，只通过恰当的提问或介绍，促使参与者积极主动地去思考、讨论和表达自己的意见。张贴板法的目的，是要获得一个能够代表多数参与者意见的结果。因此在讨论结束时，应保证所有参与者都认同张贴板上的结果。应保持卡片的匿名性，不扔掉任何一张卡片或批判一个参与者。

2. Flipchart

Flipchart 是在可移动的木板（或其他材料制造的）夹上挂上可翻动的书写（白）纸，在纸上用各种颜色的记号笔对研讨内容进行可视化处理的工具。它可以替代黑（白）板和投影仪等多种媒体，但与这些媒体相比，其具有以下优点：

➢ 作为一种"主动性"的媒体，提供了多种教学方法的可能性，如进行补充、覆盖、移动和归类处理；

➢ 绘制的图纸可以在活动前事先准备好，也可挂在教室的任意一面墙上；

➢ 在讨论中，可以不断在事先准备好的图纸、补充绘制的图纸以及即兴绘制的图纸之间进行比较；

➢ 适合用多种颜色对不同内容进行强调和区分；

➢ 本身就是比较好的会议记录，可减轻研讨会后写报告的难度。

原则上，有三种使用 Flipchart 的方法：一是在研讨开始之前完全准备好图；二是准备好图的一部分，取其余部分在研讨会上由参与者补充；三是在研讨会上完全是即兴地绘制。可以看出，Flipchart 不仅仅是传统黑板的替代品，而是主持和展示技术的进一步发展。它"强化"了主持人和参与者之间的对话，促进了主持人与参与者之间的互动关系的加深。

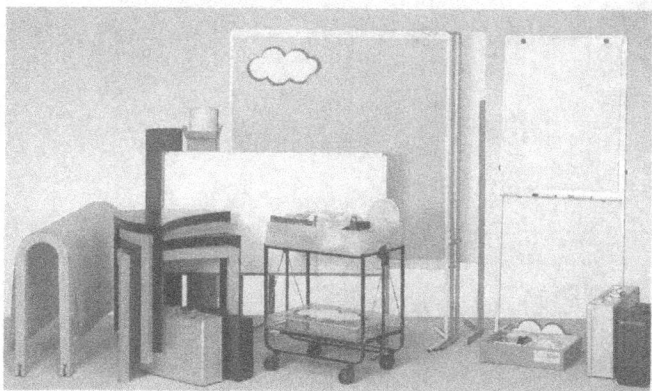

图 4-4　活动物品准备

在制作和使用 Flipchart 时，主持人应注意以下几点：

➢ 每一张图只能有一个标题、一个题目和一个学习内容；

➢ 文字简练，尽量用关键词和缩略语来表达意思而不用长句；

➢ 尽量用拓扑图、符号、基本图形（如方形、圆、菱形等）、编号以及不同的字号、字体和颜色来划分图形的结构；

➢ 在纸上写字时，不要停止说话，而要提高声音；

➢ 绘图时不要背对参与者时间太长，书写过程中应让参与者提出建议和补充；

➢ 利用 Flipchart 展开问题时应遵循"黑箱"原则，从整体逐渐过渡到细节。

● 参与式活动的导入与调控

1. 导入技术

课题导入是参与式活动的一个重要环节。主持人成功的课题导入能够承上启下，开宗明义，抓住学员的心理，引起学员的注意和兴趣，把学员带入到已设计好的问题情境中，为完成学习和研讨任务创造良好的条件。

导入过程

导入应从研讨目标出发，通过调动学员的学习积极性和主动性，激发他们寻求答案的迫切愿望。导入的方式是主持人在深入钻研研讨内容、明确研讨目标和分析学员特点的基础上确定的。导入过程一般按照以下四个步骤进行：

➢ 集中注意力：课题导入的首要任务是抑制学员与研讨无关的活动，引导他们迅速投入到新的学习活动中来，并使这一状态得到较长时间的保持；

➢ 引起兴趣：兴趣是学习动机的重要成分，导入的第二步是利用各种方法把学员参与活动的兴趣和积极性调动起来；

➢ 明确研讨或学习目的：让学员明确研讨目的，以保证下一步工作的方向；

➢ 进入课题：自然地进入新课题，建立与新课题间的联系。

导入的类型

主持人可以采取多种方式引导学员进入课题，例如：

➢ 直接导入：简明扼要阐明学习目的和要求，引起学员注意，诱发解决新问题和探求新知识的兴趣；

➢ 经验导入：通过生动而富有感染力的讲解，引导学生回忆学过的知识或已有的经验，从而引入新的课题；

➢ 直观导入：通过参观、演示实验、实物或媒体展示等引发兴趣，结合观察结果提出问题，创设问题情境，激发解疑和求知欲望；

➢ 设疑导入：编排设计一套符合学员认知水平和已有经验的、富有启发性的问题，引导学员回忆和联想；

➢ 事例和故事导入：根据内容特点和需要，借用学员生活中熟悉的或感兴趣的事例和故事，创设新的学习情境；

➢ 悬念导入：提出带有悬念性的问题导入新课题。

2. 参与式活动的调控

在参与式研讨会中，主持人（教师）是问题的策划者、方法上的引导者和活动的组织者。因此，在整个研讨活动中，主持人对信息、时间和参与者的反馈的调整和控制能力非常重要。

信息控制

参与式学习的核心是引导学员通过行动导向的学习获取新的知识与技能。主持人和教师不提供对问题的结论或答案，但应提供必要的信息来源和资料。对学员在研讨和学习过程中的偏差和失误，不应指责和挑剔。主持人在参与式活动中，应及时通过倾听、观察和讨论等手段接收信息反馈，并对自己和参与者的活动进行必要的调控，如：

➢ 指导学员在讨论和交流过程中认真倾听同伴的发言与意见；

➢ 主持人倾听学员的发言、解释和提问，及时决定应当采取的进一步措施。

时间控制

在以学员为中心的参与式研讨活动中，应充分考虑时间的约束。主持人一方面应在活动的时间安排上保持一定的灵活性；另一方面也必须进行刚性的控制。在每项活动开始前，所有参与者应当明确整个活动的时间表，主持人可在每个阶段临近结束前做出警示。主持人对学员上台展示和演讲同样应当进行时间限制，这对保证展示的完整性和提高工作效率有积极的意义。

反馈调控

在参与式研讨和学习活动中，主持人与参与者之间相互沟通、相互影响和信息交流的反馈过程非常重要。主持人通过反馈可以了解学员对研讨内容的态度、评价、愿望和要求，根据反馈信息有针对性地对活动的内容、进度、方法和难度等进行调节；学员通过自己的表情和语言等反馈，能直接而明显地对活动作出反应，并及时得到教师对自己反应的评价。有经验的主持人常常有意识地观察学员，从中获得有用的反馈信息，进而及时调整活动过程。

获得反馈信息的来源主要有四个：一是学员提问；二是分组研讨情况；三是小组学习成果展示；四是学员间的交流。主持人应善于从学员情绪反应中观察和细致感受他们的学习困难、恐惧感以及疑难问题，了解学员有无厌倦心理，是否缺乏自信心，并通过相应方法帮助学员克服这些问题。观察学员情绪和接受程度的方法有多种，例如：

➢ 环视法：即主持人有节奏地、周期性地把视线从教室的左方扫到右方，再从右方扫到左方。环视观察可以了解所有学员的动态反应，获得有关参与式活动的整体状况的信息。

➤ 点视法：当发现某个地方或某个学员出现异常反应时，把目光集中投在那一点上仔细观察，及时发现问题，并采取相应的措施。比如发现有人打瞌睡时要进一步观察是多数人还是个别人，分析是学员方面原因造成的，还是主持人方面的原因造成的；又如如果看到有人交头接耳时要考虑，是学员不专心听讲，还是因为没有听懂正在相互询问。

参与式活动或培训的目的，是让学员将来有信心和能力来应对未来的困难情境，所以在学习过程中，主持人不要只盯着学员的缺陷和错误，而是要告诉他，你在这个地方还有可以继续改进的潜力，还可以继续提高。学员一般来自不同的层次、地区和部门，有很多但是不同的实践经验。主持人要更多地询问他们的意见，尊重他们，鼓励他们。

参与式学习的过程和阶段也不是死板一块，不能变动的，可以根据教学的实际情况灵活地进行调整。比如，当老师发现学员的讨论出现跑题等问题的时候，可以适时打断正在进行的活动，并带领学员展开内部讨论，看看学员遇到了什么问题，是否有哪些不清楚的地方等，将学员讨论及时调整到正确方向。

● 参与式研讨会的评价

研讨会结束时和结束后,主持人(或教师)仍然有许多事情要做,其中最重要的就是评价。直到根据本次研讨所获得的新经验对今后的培训方案进行修改以后,才可以松一口气。主持人不但可以从参与者的发言和活动中了解研讨会的不足,而且可以从最后的总结评议中了解情况,特别是参与者的评价。

参与式研讨班的评价工作应考虑以下要点:

➢ 评价以日常评价为基础,最好每天结束时进行一个简短的快速评价;

➢ 应允许参与者表达自己的看法和感受,并提出改进建议;

➢ 评价可以在不同层面进行,如参与者的反应、行为变化、日常工作变化和所在机构的绩效变化(参见有关条目)。

下面是一些常用的评价方法举例:

1. 情绪表

目的:衡量参与者的主观情绪和小组活动气氛,与学习内容没有直接关系。

步骤:准备一个表格。横栏为研讨班日期或每一个部分的名称;纵列内至少画三种不同情绪的标记,如表示快乐、冷漠和沮丧的脸部表情,或者用温度计500℃到1000℃表示不同情绪。每天或每部分内容结束后,参与者把表示自己的情绪的圆点贴到相应的位置。随着时间的推移,主持人可以在圆点集中的地方画一条连线,记录大家情绪的变化,作为评价和反思的依据。

表 4-1　情绪指数表

情 绪 指 数 表						
	5月8日	5月9日	5月10日	5月11日	5月12日	5月13日
★★★★★						
★★★★						
★★★						
★★						
★						

2. 闪电

目的：随时快速定性地了解参与者达到某一小组学习目标的程度。

步骤：参与者与支持人围坐成一个圆圈。主持人提出一个直接的问题，如"你从今天的活动中学到了什么？""你对明天有什么期望？"大家依次简短发表意见，每人不超过 30 秒钟。因为发表意见速度很快，因此称为"闪电"。在发表意见的过程中不允许讨论。主持人或主持人指定专人将每个发言的主要观点记录在卡片上，钉在张贴板上并进行分类。

在研讨班结束时，也可以用不说话的收集匿名卡片的闪电方法，让每个人回答"参加此次活动有什么收获？"

3. 评价小组

目的：用定期的、参与式的方法获得研讨班进行过程中的反馈意见。

步骤：每天开始时，选择 2～3 个志愿者评价当天的活动。他们可以运用任何参与式讨论方法从其他参与者那里获得信息。通常在每天结束时立刻进行评价，第二天开始活动时向大家展示评价结果。这个过程一直进行到研讨班结束。

主持人对评价的内容和形式不加干涉，除需要改变学习，一般不对批评作出反应。

4. 反馈和提示板

目的：用于在研讨活动中提供新的观点，发现参与者的满意和不满意之处，记录当时不能解决但以后需要解决的问题。

步骤：在靠近门边的位置或学员可以方便取用的地方放一块张贴板。学员可以随时将记录他们的意见或建议的卡片钉在上面。主持人可以利用这些反馈意见引发新的讨论。

本方法一般在学员已经习惯参与式的学习方式之后使用。有时，有些学员想做出一些变化，但其建议又不被其他学员接受，应注意不要孤立这些学员。必要时，应注意对提建议的学员保密。

5. 研讨班终期评价

目的：学员对研讨班的学习活动的优缺点进行评价，确定实现目标的程度，并为未来办班提出建议。

研讨班终期评价方法有很多，如：

➤ 参与式快速评价：所有参与者共同讨论需要评价的指标。主持人将每一项指标写在纸上，在指标旁边画一条横线，写上检验尺度 1～7。学员用 1（最差）

到 7(最好)之间的任意数字表示自己的观点，贴在检验尺度旁。

➤ 直观问卷调查：研讨班结束时进行简单的问卷调查。问卷是无记名的，但是可以在展板上公开展示，作为最后的集体活动成果汇报给大家。尽管是匿名的，但"展示"这个步骤本身给大家提供了交换意见的契机。

➤ 卡片法：即向学员提两个问题：本次培训中我喜欢什么？不喜欢什么？学员将答案写在两种不同颜色的卡片上，轮流到前面解释卡片的含义，并分别钉在两个张贴板上。作为补充，还可以提一个建议："如果……的话可能会更好。"

➤ 小组评价：如果时间允许，较长期的培训可以进行更深入的小组评价。在全体学员中，大家对评价的内容，如目标、方法、内容、计划和住宿等项目取得一致意见，然后分小组进行讨论，最后全班总结。小组讨论一般至少需要一个小时，整个评价过程需要半天时间。小组评价的优点是参与性高，能帮助学习者实现参与评价过程的目标。

专题五　课程开发

● 课程与课程开发

1. 课程

课程（curriculum）是职业教育与培训的"心脏"，在整个教育活动中具有核心地位。目前对课程的定义有很多种，但我们可简单地从以下两方面理解课程的基本含义：

➤ 课程是教育机构为实现一定教育目标而设计的学习者的学习计划或方案。在这个学习方案中，对学习者的学习目标、内容和方式都做了设计和规定。

➤ 课程是为师生共同学习所设计的教育环境以及在这个环境中所进行的范围广泛的教育活动和经验。

要想全面理解课程的含义，还应当了解课程的以下几个特点：

➤ 课程不仅仅是按一定顺序排列的教学内容，而且在一个具体的情境中，由教师、学生和课程资源组成的一个相互影响而又协调发展的系统。因此课程开发不仅仅是确定学习内容及其排列顺序，还要开发包括课程资源在内的整个系统。

➤ 课程有纵向的层次之分，即有国家或学校设置的在学校课程计划中列出的正规课程，有教师按照自己的理解去实施的领悟课程，有外部能观察到的实际实施的观察课程以及学生实际领悟并作出反应的体验课程。据此，课程开发不仅包括教与学的行动框架，而且还包括教与学的行动的本身。

➢ 课程不仅是静态的事物，而且也是一个动态的过程：它既是为学生设计的学习"轨道"，也是学生在这一轨道上的"奔跑"过程，即个体对学习的经验。

20 世纪 90 年代以来，国际职业教育和培训的课程发展呈现出几个重要发展趋势：

➢ 职业能力导向

传统职业教育课程注重学科知识的系统性，课程内容与工作和劳动世界之间的联系并不紧密。事实证明，学科课程下学生在校成绩与日后的工作成就之间没有太大的相关性，因此，以职业能力培养为导向的课程成为当前世界职业教育课程发展的重要趋势。

➢ 着眼于个体职业生涯发展

由于人们职业变更更加频繁，那种着眼于目前岗位就业要求的课程受到巨大挑战，终身职业学习的理念迅速为大家接受。终身学习最重要的内容是职业生涯发展，促进职业生涯发展成为现代课程的重要任务。

➢ 突出学习和工作的联系

随着现代劳动组织方式变革以及科学技术的发展，人们发现，职业学习与工作岗位和工作过程有着紧密的关系：首先，工作过程知识的获取必须通过案例性的岗位培训实现；其次，工作岗位上的学习是推行现代质量保证体系（如 ISO 9000 标准）的基础；最后，与学校教育的"人工环境"相比，岗位培训的"自然环境"更能有效促进学习者的关键能力的发展，成为保持职业发展能力的重要学习场所。

2. 课程开发

课程开发是课程从无到有的发展过程，有时也称为课程设计。但是它们之间也有细微差别：课程设计仅指确定课程目标和课程内容，不包括课程的实施与评价。职业教育培训课程开发的重点，是对职业学习的目标、内容及其结构以及评价标准进行可行性研究，主要任务是回答以下问题：

➢ 社会经济和劳动市场发展对人才的需求是什么？

➢ 采用何种课程结构和类型更容易实现这一目标？

➢ 如何对课程进行管理（如成绩考核和技能鉴定）和进行质量保证？

课程开发是一个复杂的系统工程，其过程是两个相互联系的系统：一是课程目标和内容的选择与确定；二是课程的组织实施、评价和改进。这个过程分为 7 个步骤：

➢ 现状分析：即寻求社会对职业教育已取得的和期望取得的成就之间的差异，在宏观上把握课程开发的方向，包括确定社会需求、了解教学对象和保障外部条件等。

➢ 工作分析：即对课程内容范围的选择和界定，包括职业分析和任务分析。

➢ 教学分析：即把职业工作的能力要求与教学联系起来。

➢ 教学目标描述。

➢ 课程组织：对课程内容进行排序，安排教学进程，选择教学方法和媒体。

➢ 课程实施。

➢ 课程评价：即检查课程实施的结果和进程。

从世界范围来看，职业教育培训的课程开发首先是"学科系统化"的，在经历了"职业分析导向"和"学习理论导向"的开发模式后，目前正在向"工作过程导向"模式发展。从新中国成立以后职业教育课程开发的实践中，也能清晰地体会出这一脉络：

➢ 学科系统化课程开发，是从学科知识中选择"合适"的内容并按照教育对象的实际情况进行"教学简化"，其结果是传统的学科式课程，即将学习内容按知识内容顺序分阶段排列，组成相互衔接又各自为政的结构庞大的体系。

➢ 职业分析导向课程开发，是建立在职业分析和工作分析基础之上的课程开发模式。在我国，它是随着中外技术合作项目被引进的，被（不确切地）称为双元制模式、CBE 模式和 MES 模式等。这些方法的引进，明显提高了我国职教课程开发工作的相关性和有效性。

➢ 学习理论导向课程开发，是按照学习理论要求确定课程结构的方法，将教育目标定位于学生认知能力和个性发展，把有效的学习过程作为主导思想，其结果是学习内容与职业行动联系不紧密，职业教育只能提供一种职业基础教育。

➢ 工作过程导向课程开发，要求保持课程学习中工作过程的整体性（即在完整、综合的行动中进行思考和学习），强调以学生为中心，关注学生在行动过程中所产生的学习体验和个性化创造，强调对学习过程的思考、反馈和分析，重视典型工作情境中的案例以及学生自我管理式学习。

深入阅读

1. 赵志群 . 职业教育工学结合一体化课程开发指南[M]. 北京：清华大学出版社 . 2009

2. 徐国庆 . 实践导向职业教育课程研究[M]. 上海：上海教育出版社，2005

● 课程开发中的职业资格研究

职业资格，简称资格，是从事一种职业活动时能够应用的、并能通过学习获得的能力或潜力，包括知识、技能和技巧。资格通常通过对某一领域的职业活动、学习内容以及与人相联系的能力说明来表示。在实践中，一般通过对某一工作岗位能力要求的总和表示职业资格。

资格研究的任务是明确，并在"工作""工作对职业活动的要求""对职业有重要影响的个性特征"以及"学习内容和学习过程"之间的联系，主要内容是分析工作任务、工作过程、能力要求和学习过程之间的关系，而这种关系在多数情况下通常是隐晦的，同时随着工作任务的综合化和复杂化提高还会变得越来越难以把握。

1. 资格研究的基本程序和典型方法

在资格研究中，有两类具有代表性的方法，一是"权威性"资格研究程序；二是"自发性"的资格研究方法。

"权威性"资格研究是由政府部门组织进行的，其他机构和学校几乎无法从方法上对其施加影响，这在德国被称为 OQF，即课程开发范围内的资格研究程序，这一程序可以分为四步：

➢ 问题概述：收集经济和社会发展的数据；对工作和职业教育状况进行观察；提交工作假设，包括新职业工作内容和要求以及所需的知识、技能和态度；

➢ 案例分析——（验证工作假设的真伪）：研究所选择的工作岗位；确定工作内容和要求的深度与广度；确定知识、技能和态度，并对其进行结构划分；

➢ 活动分析——（广泛性调查）：对职业活动的要求进行广泛性调查；获得有关培训内容和结构的基本数据；

➢ 进行评价和开发课程：选择培训内容并对其进行时间和内容上的划分；确定课程草案供审批，包括专业职业名称、内容和培训期限等。

严格来讲，这一程序不是纯粹的科学研究方法，而带有政治协商的性质，其成果在很大程度上是各个利益集团博弈的结果。

由教育培训机构自己进行的"自发性"资格研究的典型方法是 DACUM 和实践专家访谈会，请参见本专题相关内容。

2. 在职业学范围内的资格研究

随着职业学的建立和发展，人们开发了一系列的资格研究的方法和工具，它们综合了量化研究(如技能点量化评价)和质性研究(如实践专家访谈会方法),考虑人的主观特性的影响,其核心是准确确定一个职业的典型工作任务和工作过程。贝克(M. Becker)将这些方法按照行业和职业、工作组织结构、工作能力和工作任务四个层次进行了归类(见表 5-1),这四个层次是需求分析的不同阶段。据此,职业资格研究按"行业分析—案例分析—工作过程研究—实践专家访谈会"的程序展开,其结果包括典型工作任务、工作关系、任务规格以及在工作中必需的能力。

表 5-1 职业资格研究的层次

层　　次	方　　法	工　　具
行业和职业	行业分析	职业资料文献分析(产业报告、技术文献),专业和培训实践
工作组织结构	案例分析	任务清单、任务分析、企业调查、企业生产过程和关键数据分析
工作能力	工作过程研究	工作观察、行动导向的专业采访和专家访谈
工作任务	实践专家访谈会	头脑风暴、卡片展示、工作任务评价。针对职业资格研究中的逻辑要求进行的任务评价和重要性分析

行业分析

行业分析是在整个行业范围内对该职业的典型工作岗位、工具和任务进行分析,主要回答的问题是:①该职业采用哪些技术系统?推广程度如何?②该系统的设计原则是什么?③系统开发者对从业人员的工作了解如何?④任务分配与计划方式如何?企业典型工作组织形式是什么?⑤不同企业完成该任务的深度和广度如何?行业分析帮助人们在案例分析中确定选择案例的标准。

案例分析

资格研究的核心任务是明确典型工作任务,这只能通过案例分析获得,即选择代表性企业,组织实践专家和中层管理人员访谈会。访谈可发现工作过程设计、分工安排及解决问题的最佳设想,从而确定现状与理想间的差距。研究人员应进行深入的专家访谈,或直接进入工作过程进行观察。工作任务分析时还应按照现有职业标准分析某工作地(如车间)所有的任务,保证通过质的研究获得的结果也有一定量的意义。

工作过程研究

工作过程研究简称为工作分析或任务分析。与传统的心理学的工作分析相比,职业学的工作分析关注的重点是技术、工作和教育培训间的关系(见表 5-2):

表 5-2 工作过程研究的内容

比较项目	心理学	职业学
分析对象	工作活动	工作任务
分析内容	工作系统	工作过程
对工作的认识	工作是有计划的活动，存在调节层次和调节需求	工作是可设计的行动，需要职业知识和能力，是情境相关和整体化的
分析的结果	工作步骤	工作关联

工作分析中，除了经典心理学方法如职务分析问卷（PAQ）、工作要素分析（JEM）、职能工作分析（FJA）等外，其他相关领域的研究方法也提供了重要的方法论支持，如专家系统和专家评价研究。这里，工作观察非常重要，因为它可以破译各种环境条件下采用某种工艺成功完成任务的工作实践。

可以看出，职业学的资格研究的目的是解决"确定职业工作的内容"问题，这是一个要求很高、涉及多学科知识的综合性研究领域，需要解决很多难题，如确定职业的具体要求并对其进行解释和归类，确定、分析和描述典型工作任务和工作过程，并将其转化为符合职业学习规律的课程等。资格研究是对工作世界的实证研究，其研究结果是有关资格要求、职业轮廓、专业设置、课程开发和学习评价的基本数据。研究人员的能力结构对资格研究的结果有很大影响。

在课程开发中的资格研究与社会学的资格研究有密切的联系，因为它们有相同的研究对象，即工作内容、资格要求和劳动分工，其分析结果也是对工作的详细描述。但是这两种研究的目的有很大不同：前者是为了确定课程内容，为教学提供基础，而后者将工作作为一种社会现象进行分析，旨在设计与组织工作过程，为职业发展奠定基础。尽管社会学的资格研究无法为课程开发提供足够的实证基础，但是社会学研究还是为课程开发研究提供了重要的启发和分析工具。

● 工作分析

工作分析是职业教育培训的基础。按照科学的工作分析的结果开展教育培训，可以减少教育培训的盲目性。

图 5-1 图解工作分析的重要性

1. 工作分析概述

工作分析是对各种工作的性质、任务、责任、相互关系以及任职工作人员的知识、技能和条件进行系统化的调查和研究分析，以科学系统的描述并做出规范化记录的过程。工作分析是一种重要而基础的管理工具，进行工作分析的目的是为了回答以下 6 个重要的问题：

> ➢ 员工完成什么体力或脑力的工作任务？
> ➢ 工作将在什么时候完成？
> ➢ 员工如何完成此项工作？
> ➢ 工作在哪里完成？
> ➢ 为什么完成此项工作？
> ➢ 完成工作需要哪些条件？

要给出以上问题的答案，工作分析应当在以下三个核心领域进行：

对工作内容的分析

工作内容分析是指对产品（或服务）实现全过程及重要的辅助过程的分析，包括技术开发、工作步骤、工艺流程、规范、设备、参数和辅助手段等相关内容的分析。工作内容分析的目的是确定工作岗位需求，包括经验、能力、学历、专业、年龄、性别和特殊技能等。通过岗位需求分析形成的岗位描述，可以明确该岗位任职的基本标准。

对岗位、部门的组织结构分析

工作任务的复杂性和多样性，要求企业必须建立相应的部门和组织结构。一个具体企业在特定的时期，总有一个组织模型是最合适的。组织结构分析包括对岗位名称、内容、职能、工作量以及相互关系等内容的分析。组织结构分析有助于发挥系统平衡的功能，达到分工合理、简洁高效和工作顺畅的目的。

对工作主体员工的分析

包括对员工年龄、性别、爱好、经验和知识技能等方面的分析。在此基础上，企业可以根据员工的实际情况帮助员工进行生涯规划，将员工安排到最适合他特点的工作岗位上，达到人尽其才的目的。

工作分析是对工作进行全面评价的过程，这个过程可以分为六个阶段：

➢ 准备：主要是建立分析小组；

➢ 设计：即确定分析的范围、方法、时间安排、分工、对象和具体工作计划；

➢ 调查：包括资料的识别和整理以及必要的调整；

➢ 分析：包括工作任务、工作关系、责任、劳动强度和工作环境等；

➢ 设计：包括工作说明书、组织结构和层级关系等；

➢ 反馈指导。

2. 工作分析的方法

工作分析的方法很多，其中有的用于定量分析，有的用于定性分析。

职位问卷分析

即利用事先设计好的标准化问卷对工作职位进行分析。问卷的内容包含决策活动、技能活动、设备操作活动以及信息加工活动。职位问卷分析可以把工作合理地分成若干个基本领域，并提供一种可以量化评价的分数顺序或顺序轮廓。在此，问卷的设计非常重要。设计问卷的基本过程是：

➢ 通过定性分析，找到有效收集各种工作信息的分析要素和指标；

➢ 用语言恰当描述这些要素和指标；

➢ 给每个要素指标赋予适当的等级，形成初步的职务分析问卷；

➢ 用问卷进行规范化抽样调查，进行信度和效度检验，进行修正。

工作日写实法

指对员工整个工作日的工时利用情况，按实际时间消耗的顺序进行观察、记录和分析的方法。根据观察对象和目的的不同可以分为个人工作日写实、工作小组工作日写实、多设备看管工作日写实、自我工作日写实和特殊工作日写实。

测时法

即以工序或某一作业为对象，按照操作顺序进行实地观察、记录、测量和研究工时消耗的方法。与工作日写实法相比，测时法只是研究某一工序或作业的工时消耗情况，目的是为找出工序作业时间内各项操作的正常工时消耗值，为制定工时定额提供依据。

工作抽样法

即统计抽样法在岗位分析中的具体应用，是根据概率和统计原理，对工作岗位随机进行抽样调查，利用调查结果对总体状况做出推断的方法。与其他工作分析方法相比，抽样法调查时间短、次数多，分析人员不必长时间待在工作现场进行观察，但需要较长的时间周期。

面谈法

是一种互动性和指向性都很强的方法。它是通过分析人员对员工进行引导性的提问和交流，获取对工作分析有帮助的直接和间接信息。与其他方法相比，面谈法简便快捷、信息量大而且非常直接和真实，但对分析人员的技巧和经验要求较高。

关键事件分析法

指工作分析人员、本岗位员工或与本岗位有关的员工，将工作过程中的"关键事件"（给工作造成显著影响或对工作造成显著影响的事件）加以记录，在大量收集信息以后，对岗位的特征和要求进行分析研究的方法。与其他工作分析法相比，关键事件分析法的最大特点是简单快捷并能获得真实可靠的信息。其关键是对岗位的关键事件的识别。这里，特别需要专家型的工作分析人员。

深入阅读

冉斌. 工作分析与组织设计[M]. 深圳：海天出版社，2002

● CBE/CBT 和 DACUM

　　CBE（英语 Competency Based Education 的缩写，意为以能力为基础的教育）是在 CBT（英语 Competency Based Training，以能力为基础的培训）基础上发展起来的职业教育教学体系。CBE 的过程一般分 4 个部分，即职业目标分析、教学计划大纲开发、学习管理和学生学习。其中，职业能力分析是第一步也是最关键的一步。在 CBE 中常广泛采用一种快捷的课程开发方法，即 DACUM（英文 Develop a curriculum，意为开发一个课程）。

　　DACUM 的指导思想是：以满足产业和雇主对学习者要求为基本原则，根据就业要求而不是教育专家的观点，来确定某一职业或岗位应具备的能力，学习目标依据客观真实的职业分析得到。DACUM 的具体做法是：由在某一职业长期工作、经验丰富的优秀从业人员组成一个专门的委员会，对一个职业进行工作职责和工作任务两个层次的分析，分别得出综合能力（competence）和专项能力（skill）。之后对每个专项能力分别进行具体说明。DACUM 的最终成果是 DACUM 表，在此基础上制订的教学计划有较强的针对性。图 5-3 为 DACUM 法中的重要工作步骤、参与人员、工作任务和成果。

表 5-3　DACUM 法包含内容

	工作步骤	主要参与人员	工作任务	工作成果
1	职业分析	政府专家制订工作计划	确定分类系统，发展趋势和过程，说明职业范围和工作领域	职业名称和职业发展道路
2	工作分析	主持人和约 10 位实践专家	审阅专业范围和确定专业，说明综合能力	DACUM 表
3	专项能力分析	由实践专家组成的委员会	修订 DACUM 表，分类组合专项能力，最终确定行为的条件、结果和标准	同一职业不同层次岗位要求
4	教学分析	课程专家和教师	划分教学模块，将模块内的知识、技能和态度按顺序排列	教学计划和大纲

　　DACUM 的基本工作程序如下：

组建 DACUM 委员会

委员会由 8~12 名职业分析人员、一个组织协调员和一个秘书组成。职业分析人员是职业分析研讨的主体，来自该职业有代表性的产业的大中小型企业，以反映多方面的要求。职业分析人员是职业分析的主体，DACUM 表产生于他们的研讨成果，因此他们的水平在很大程度上决定了 DACUM 的质量。组织协调员是研讨会讨论过程的主持人，他不是专业专家，而是方法论的专家。秘书是组织协调员的助手。

工作分析

工作分析是将一个职业工作划分为若干个职责（Duty），再将每一个职责划分为若干个任务（Task），从而确定对应于各职责的综合能力（competence）和对应于各任务的专项能力（skill）。职业分析人员分别把综合能力写在大卡片上，把专项能力写在小卡片上，将这些卡片贴在墙上进行讨论、修改和排序，最终形成 DACUM 表。完成这一步骤的关键在于职责、任务的合理划分和对综合能力、专项能力的准确简洁的描述。

➢ 工作职责划分：职责是为从事一项工作涉及的明确的主要活动，包括一系列相互联系的专项技能，其特点为：是本岗位的主要责任；在全部岗位工作时间中占相当一部分；在本岗位工作周期中定期出现；

➢ 工作任务划分：工作任务是雇员在从事本职工作中所做的一项完整且有明确界限的具体工作，其特点是：每一项任务都应在一定工作时间内完成，有明确的开始与结束；它是能观察到的具体工作单元；从事每一项任务都会产生一种结果，有时是产生一种产品或完成一项服务。

任务分析

职业分析的对象是每项专项能力，以确定其内容，通过文字表述使其成为可实现的要求，其主要内容包括：所涉及的步骤/活动；所需要的相关知识；所需要的工具和材料；涉及的工作态度；安全问题；行为标准。

任务分析可以由进行工作分析的同一个委员会完成，也可以组织与其类似的另一个委员会来执行，但其工作方式不是全体讨论而是分组工作，每组只处理与其有关的几个职责范围内的专项能力。任务分析的主要步骤是：

➢ 列出该项能力的所有步骤，一般每项任务包括两个或两个以上步骤，按先后排序，比较详细地陈述每一步骤；

➢ 确定相关知识和完成该项任务学生必须学会的信息，包括自然科学、社会科学方面知识、数学知识和语言交际知识；

➢ 列出要使用的工具、设备、材料和物品；

➢ 态度及工作者品质，这方面常常被忽视，但可能是最重要的，有必要让学生和工作者了解哪些态度和品质对该项工作任务是最重要的；

➢ 找出所有安全注意事项，注意有可能遇到的危险，要考虑到与工具、设备、材料和人员有关的危险情况；

➢ 行为标准，需要明确可以接受的成绩标准，可能涉及产品和过程标准，应具体、直观、易测量并符合产业标准，一般包括质量、速度和条件。

画出 DACUM 表

DACUM 表是进行职业分析的方式和结果，是由某一职业或职业岗位所要求的各综合能力和相应的专项能力构成的一张二维图表。这张图表在研讨的过程中、职业分析结果的表述和使用上都发挥着关键性的作用。DACUM 表一般包括名称、综合能力、专项能力以及技能操作评定等级四项内容。通常一个职业约分解为 8～12 个综合能力，每个综合能力包含 6～30 个专项能力。

总的来说，DACUM 是建立在行为主义理论基础上的方法：DACUM 将能力理解为完成工作任务的可观察、可确定和可描述的技能和知识，即职业的"初级因素"，认为这些因素之和就是职业的整体；DACUM 关注的重点是可测量的操作活动，其分析结果常常是工作活动中的技能方面，如在钢琴演奏、写文件或开发软件中的（共同的）键盘操作，或一些很难把握的心理特征，如计划、决策和遵守纪律等，而忽略或无法分析智力因素和隐性知识的作用（行为主义的不可测因素）。由于缺乏将工作分析结果进行系统化处理的教育理论基础和操作性工具，人们在对 DACUM 的分析结果进行归类时，常常会回到了"学科知识系统"的老路上。

当前，技术发展和劳动组织变化对（高）技能人才的综合素质提出了更高的要求，工作分析必须针对包含技术、社会和环境等多种要素的综合性工作任务和灵活的劳动市场进行，DACUM 很难满足这一要求。由于忽视各因素的内部联系，即人类工作的整体性特征和经验成分，DACUM 很难实现受教育者的"可持续发展"和全面的职业素养的提高，因此常用于较初级的技能培训课程的开发。

参考资料

1. 中国 CBE 专家考察组 . CBE 理论与实践[M]. 北京，1993

2. Norton B. The DACUM connection. The Ohio State University, 2000.

● 制订能力本位的培训课程计划

课程计划是一个内容丰富的培训计划，包括一系列结构化的学习结果和相关学习经验。通常，人们把它们按照一定的顺序，以单元、模块或课题的形式组织在一起。

与传统的课程计划相比，能力本位课程计划的特点是：把学习者的能力发展作为培训的结果，即课程目标，包括相关知识、技能和态度。能力本位的课程计划最关注的是学员在培训结束后能做什么。

要想制订高质量的课程计划，在设计、开发和调整的整个过程中的每一步都需要进行细致的组织，包括参考资料选择、资金和具备相应资格和经验的人员。在每个阶段还应实施过程监控与结果评价，对已完成的课程计划进行测试并在此基础上进行修正和调整。总的来说，制订能力本位的课程计划应注意以下几点：

➢ 课程计划和教学材料的开发以教育理论为基础；

➢ 关注学员和教师的不同背景、经验和期望值；

➢ 课程计划必须融合关键能力的发展，满足学员的短期和长期学习需求，成为终身学习的一部分；

➢ 教学资料的设计应遵循由简单到复杂的原则，帮助学员在适当的阶段获得适当的知识、技能和态度。

制订能力本位的培训课程计划至少应做以下 11 步工作：

需求分析

制订课程计划应充分考虑企业、学员、社会和经济发展的需求，实现劳动力供需双方的匹配。课程计划应反映工作领域的变化，为学员提供可供选择的发展模式，促进学员的职业生涯发展。

(1)培训契机

课程计划开发的出发点是对培训契机的识别，包括：

➢ 某行业不断增长的机会；

➢ 现有劳动力技能提升的需求；

➢ 失业人员的培训机会；

➢ 因经济结构变化和技术发展而产生的需要；

➢ 对关键能力、普通技能的培训；

➢ 现有课程计划实施后的反馈信息；

➢ 毕业生长、短期就业状况跟踪调查。

（2）目标

课程计划应明确界定与表达培训目标，它是对不同培训课程的结果描述，如：

➢ 为不同地区或行业提供的专业培训；

➢ 新技术或管理培训；

➢ 创业培训和再就业培训。

明确课程目标群体和状况

好的课程计划首先应该满足行业、企业和劳动市场的需求，应首先识别课程计划的使用者并与他们进行磋商。课程计划的所有参与者都应知道课程开发的契机和目标，并对课程开发提供必要的信息。所有相关方面代表应组成一个课程开发小组。

新课程计划开发受益面是很广的。课程计划的开发必须明确目标受益群体，以便他们的需求从一开始就能得到考虑。应考虑学员方面的需求是：

➢ 培训的入学条件和已有学历；

➢ 主导学习风格；

➢ 就业机会；

➢ 招生的可能性；

➢ 毕业生的社会地位；

➢ 培训的成本；

➢ 多技能发展与再培训的机会。

数据准备

成功的课程开发的基础是从各种途径收集到的有效数据，因此应设法收集、分析、确认必要的信息。相关研究如资格研究是课程计划开发的必要组成部分。应建立课程研究机制来支持相关的、应用性课程开发。课程开发者面临的另一挑战是要对从不同领域收集到的数据进行综合分析，内容包括：

➢ 就业市场趋势分析；

➢ 人口统计数据收集；

➢ 新职业的识别。

工作描述／需求分析

工作描述和需求分析的结果对课程开发的质量非常重要。为此，职业培训必须与行业和企业代表紧密合作。课程开发的依据是行业认可的工作描述和需求分析结果，它可以通过以下方法获得：

➢ 劳动市场调查；

➢ 培训相关性的报告；

➢ 工作现场观察；

➢ 政策制定者和社会各方代表的观察；

➢ 与不同级别工人的座谈；

➢ 查阅经济和社会发展的文献；

➢ 问卷调查结果。

工作分析

在能力为本位的培训中，应通过工作分析识别学员在培训结束后应具备的能力。能力与工作岗位所要完成的工作密切相关，是对学员必须完成的工作任务的描述。这个阶段课程开发的关键是：确认学员在工作场所必须掌握的能力。

任务分析

任务分析是对能力或任务的组成部分的分解过程，包括知识、技能和态度。在分析过程中，应考虑相关的关键能力，如沟通技能、书面与口头表达能力等。任务分析的结果应该是培训的学习结果，它可通过学员的行为来衡量。为此，每一个学习结果表述都应用一个行为动词来描述学员能做什么以及相关条件。分解分析的过程是：

➢ 列出与每种能力相关的任务；

➢ 设计一个分解格式；

➢ 把每种任务分解成知识、技能和态度三个部分；

➢ 确定任务所需的社会能力；

➢ 用可衡量的学习结果表达每个部分。

下一步工作是对确定的任务进行排序，也可在任务分析后拟定共同任务。

评价方式设计

在教学过程中，评价是对作为培训结果的学员行为变化的检验。在能力本位的课程计划中，评价是测定学员是否已经具备了工作分析所确定的能力，它是针对能力或任务而进行的，具有以下特点：

➢ 技能的评价应该以学员在相关工作中的实际表现为基础；

➢ 知识评价可通过笔试与口试完成；

➢ 态度可以通过使用适当的量表或者工具来进行观察评价。

为了保证课程计划中所确定的评价方式的合理性，还应理解评价的另外两个目的，一是给学员和教师提供反馈；二是核实能力是否达到。这样可以：

➢ 认识到学员在学习的过程中会遇到的困难；

➢ 有助于教师为学员选定最适当的学习方法；

➢ 帮助教师识别课程计划中不明确的地方并作出相应的调整；

➢ 有助于教师对其培训方法进行有效的评价；

➤ 证明学员的行为已经发生了改变，即能力已经达到。

培训内容

培训内容的选择是由学习目标来决定的，它是根据学员获得某种能力所需的时间，将从任务分析而得到的信息按照一定逻辑关系组合起来。内容安排通常按以下步骤进行：

➤ 把内容组织成符合逻辑的主题或者模块；

➤ 为每一主题或者模块安排时间；

➤ 如果有必要，给予一定的权重。

备课

备课是为实施某一主题或模块的培训的准备过程。在此，应注意主题间的逻辑关系，确定理论和实践之间的关系并明确所需的学习资源。备课包括准备每一个课时的计划以及必要的练习，其工作过程为：

➤ 按照逻辑顺序排列主题；

➤ 确定理论与实践之间的关系；

➤ 明确所需的学习资源；

➤ 准备课时计划和练习等。

课程实施准备

为达到所期望的结果，实施课程计划前应当对所需投入进行详细的规划。这里需要考虑的问题包括：

➤ 课程计划文件；

➤ 学员、教师和管理人员的情况；

➤ 培训设备设施；

➤ 学习资源，包括教材和参考资料。

课程相关文件的准备

课程文件的准备工作可以以各种方式进行，它不必包括课程开发所有阶段的文件，但是应当使用统一的格式，以便实现相关培训的一致性和灵活性。

试点与定稿

只有通过试点和修订并最终定稿之后，课程开发工作才算结束。所谓试点，是对课程所针对的目标群进行试验性的培训。试点班的规模不要太大，但应尽可能有代表性。试点工作也应该包括评价。试验数据应提供给相关管理部门，以获得该课程计划的实施许可。

● 学习领域

学习领域(Learning Field)是 20 世纪末起源于德国的一种跨学科的课程模式，是以一个职业的典型工作任务为基础的专业教学单元。学习领域与学科知识领域没有对应关系，而是从具体的"工作领域"转化而来，常表现为理论与实践一体化的综合性学习任务。通过一个学习领域的学习，学生可完成某职业的一个典型工作任务，处理一种典型的职业"问题情境"；通过若干相互关联的、系统化的学习领域的学习，学生可以获得某一职业的职业资格。

学习领域课程的主要特点是：

➤ 课程目标是综合职业能力和素质培养，在发展专业能力的同时，促进关键能力的发展；

➤ 学习的主体是学生，在满足企业岗位要求的同时，获得职业生涯发展潜力；

➤ 学习内容的基础是来源于工作实践的、某一职业的典型工作任务；

➤ 学习过程具有工作过程的整体性，学生在综合的行动中思考和学习，完成从明确任务、制订计划、实施检查到评价反馈整个过程。

一个职业的学习领域的个数，是由该职业的工作活动特点确定的，一般为 10~20 个。学习领域的名称是表示典型工作任务内涵的关键词，说明通过教育培训期望能获得哪一方面的能力。

学习领域课程中的学习，是工作过程系统化的行动导向的学习。学生在教师指导下，通过学习处理实际问题，获得专业和职业知识(包括工作过程知识)和技能并积累经验；通过抽象思维和处理综合性的实际问题，学习对整个职业行动过程的反思，并最终获得控制工作过程的能力。因此，学习领域是一个全新的信息载体，学生获得的是一种全面、和谐，切实有效和有用的教育。

与学科系统化的课程相比，学习领域课程的区别如表所示：

表 5-4　学习领域课程与传统学科课程间的区别

学习领域课程	传统学科课程
以职业行动为导向的教学理论	学习目标导向的理论教学
跨学科的任务	学科划分详细
在教学中独立计划、实施和控制	教师和讲授为导向的教学
注重职业和社会行动能力培养	讲授事实性知识为重点
注重关键能力培养	以知识储备为目的的教学
行动导向教学，开放式学习情境	纯语言传授，封闭式学习情境
多样化课程，个性化内容	一般性课程，内容针对大家

　　学习领域与上文所述的项目课程既有联系又有区别，这主要表现在：

➤ 学习领域常常以教学项目的形式出现，但又不一定是教学项目，有时只是一些工作过程结构不完整的学习情境；

➤ 项目课程的随意性较大，而学习领域是经过整体化职业分析得到的一个课程系统，它是以完整的工作过程为内在逻辑，以帮助学生完成从"初学者到实践专家"的职业成长过程为外在逻辑，更加关注项目之间的关系，关注课程的系统化结构，是项目课程的升华。

　　学习领域可以使学生亲身经历结构完整的工作过程，通过在真实工作情境中的实践学习，帮助学生形成自己对工作的认识和经验，从而获得包括关键能力在内的综合职业能力（而不仅仅是技能），满足学生个人全面发展的需要。下图为汽车维修专业的一门学习领域课程主要学习内容的实例：

学习领域：汽车维修质量检验	64 学时 4 学分

典型工作任务（职业行动领域）描述：

　　汽车维修质量检验主要由机电维修人员班组完工检验环节和车间质检维修完工检验环节组成。在汽车机电维修车间，机电维修人员对已经完工的车辆依照维修工单的作业的要求进行维修质量的首个检验环节，完成后交由车间质检在机电车间或路试条件下进行维修质量检查确认，检验不合格的车辆交回机电人员进行返工维修，检验合格的车辆交由服务顾问。对车辆质量检验的所有环节必须严格按照国家标准、行业标准进行，通过对质量检验结果的分析，如实做出质量检验报告。对已完成的工作进行记录存档，自觉保持安全作业及 5S 的工作要求。

工作与学习内容

工作对象	工具材料	工作要求
完成的维修合同或维修工单； 完成二级维护的车辆； 完成总成大修的竣工车辆； 完成客户报修项目的竣工车辆； 汽车检测线； 用于汽车路试的道路； 维修资料的查阅和应用； 与机电人员、质检人员的沟通；	汽车检测国家标准、行业标准、地方标准及企业标准 汽车检测常用设备 汽车举升机、专用工具及测量仪器设备； **工作方法** 按照汽车维修质量检验进行维修质量的检测； 按照维修的法律、法规进行维修质量的评价 根据维修质量的检测及时反馈维修意见 **劳动组织** 独立或合作完成作业内容； 机电维修完工自检后交质检员检验； 从机电小组获取大修竣工车辆 返修工作一般由原机电小组完成； 按检测要求进入检测线检测并分析检测数据 参加 QC 小组活动。	能与机电维修人员、车间质检人员等进行熟练的工作沟通； 能熟练规范的使用汽车维修质量的检测设备准确对检测数据进行分析； 能从经济、安全、环保满足顾客对汽车维修的经济性、维修质量和维修时间的要求； 能熟练驾驶车辆进行路试并反馈路试结果； 自觉保持安全作业及 5S 的工作要求； 遵守操作规程与劳动纪律； 详细、规范、及时地填写检测文件 参与 QC 活动，评价和反馈此次维修情况

图 5-2　汽车维修专业一门学习领域课程主要学习内容实例

目前大规模推广学习领域课程可能还存在很多困难，主要表现在：

➢ 社会缺乏对工作过程知识的价值和重要性的认识；

➢ 学习领域对理论和实践的综合化要求超越了教师的平均水平；

➢ 学习领域课程打破了传统的学校教学管理制度（如班级制度、理论与实训教学分头管理的机制），对现行的教学管理提出了挑战；

➢ 职业院校实践教学基地多数是根据学科课程设计的，难以满足学习领域课程的教学需要。

深入阅读

赵志群. 职业教育工学结合一体化课程开发指南[M]. 北京：清华大学出版社. 2009

● 实践专家访谈会(EXWOWO)

每一个职业(专业)都可以用一定数量的典型工作任务进行描述,可以通过实践专家访谈会(英语 Expert Worker Workshop,EXWOWO)确定并描述职业的典型工作任务(professional task),作为课程设置的实证基础,其基本流程是:

挑选会议代表

实践专家访谈会由课程开发主持人主持,主要参加者为实践专家和少量参与课程开发的教师。其中实践专家(约 15 位)的标准是:

➤ 优秀技术工人和技师,可以是班组长、工段长、车间主任和基层部门负责人,可以有极少数工程师或部门技术主管;

➤ 当前工作任务与被分析的职业相符,有 10 年以上工作经验;

➤ 接受过与所开发课程教育层次一致的职业教育(如中职或高职),从事工作与所学专业对口,并且经常参加专业进修;

➤ 所服务的企业工作组织灵活,所在工作岗位属于技术先进之列,承担整体化和综合性的工作任务,完成任务的方式有较大的设计空间;

实践专家访谈会的举行

(1)会议开始。主持人介绍访谈会的背景、目的、工作方法和工作要求。

(2)明确基本概念。主持人解释概念"职业发展阶段"。

> 职业发展阶段(Stages of professional)
> 职业发展阶段是指实践专家在其职业发展历程中从事过并对其个人发展产生重要影响的工作岗位、生产车间(部门)和其他具体的企业工作范围。这些工作岗位都是具有代表性的,反映各阶段的工作(或经营)过程。基本假设是,职业发展阶段越高,获得的经验越多。

(3)个人职业历程简述。与会实践专家叙述从接受职业教育到成为实践专家的发展过程,将这一过程划分成若干阶段(最多五个)。

(4)找出代表性的工作任务。用头脑风暴法,为每一阶段举出 3 个到 4 个实际从事过的、有代表性的工作任务实例。这些任务一般都是有挑战性的,而且完成工作的过程能够帮助提高工作能力。

(5)任务归类并命名。在主持人的主持下,与会代表共同将类似的工作任务归在一起,全面检查这些归类的合理性并进行更正。必要时,添加一些只有个别人从事过,但是对本职业有普遍意义的工作任务;或者所有组员都未从事过,但有代表性或不久以后肯定需要完成的工作任务。

(6)明确基本概念。"典型工作任务"和"职业成长的逻辑发展规律"。

(7)确定典型工作任务。大家讨论，在已确定的有代表性的工作任务的基础上，共同确定典型工作任务。典型工作任务不针对任何具体的企业或个人。

(8)表述典型工作任务的基本内容。组成3～4人的小组，由实践专家从专业角度分析描述上面所确定的典型工作任务的基本内容，组内的教师进行记录。

(9)典型工作任务排序。实践专家对确定的典型工作任务按难易程度排序。

(10)结束。主持人就整个访谈会过程和内容听取会议代表反馈意见，总结访谈会成果，展望分析成果的实际价值。

典型工作任务的现场调查与分析

在得到典型工作任务的框架和大致内容以后，课程开发人员（常常是专业教师）要对典型工作任务进行详细描述，这常常需要深入企业进行现场调研。现场调研采用一般的社会实证研究方法，如：

➤ 现场观察：观察了解企业的工作流程、工作环境，了解职业活动和工作过程，岗位设置、岗位任务和工作要求等；

➤ 专家访谈：是一种互动性和指向性很强的方法，它是通过课程开发人员对企业实践专家（如基层管理人员、有经验的技师、质量监督员等）进行的引导性提问和交流，获取对工作分析有帮助的直接和间接信息（如工作计划、组织形式、与服务对象的关系、关键环节和技能要领等）。专家访谈简便快捷、信息量大而且非常直接和真实，但对课程开发人员的技巧和经验要求较高。

➤ 职位问卷分析：即利用事先设计好的标准化问卷对工作职位进行分析。问卷内容包含决策活动、技能活动、设备操作活动以及信息加工活动。职位问卷分析可以把工作合理地分成若干个基本领域，并可以进行量化评价。

➤ 资料收集：经企业允许，收集被调查岗位的工作职责、工作规范、质量标准、计划书（任务书）、工作过程记录报表等文字资料。拍摄反映企业工作流程、产品和成果、设施设备等照片或录像。

工作任务分析的重点是工作内容分析，其过程可简单分为6个阶段，每个阶段的工作内容见表5-5：

表5-5　工作任务分析的主要工作内容

阶段名称	工作任务分析的主要工作内容
准备	建立由课程开发人员组成的工作任务分析小组
制订工作计划	确定工作目标、分析的范围、方法、时间安排、分工、对象和具体的工作计划、实施步骤、质量要求
实施调查	包括资料的识别和整理以及必要的调整
进行分析	按照计划对典型工作任务的内容进行分析

续表

阶段名称	工作任务分析的主要工作内容
任务描述	按照要求描述典型工作任务的内容
实际运用	利用结果设计学习领域

这里首先应做好现场调研和任务分析过程的准备，其具体步骤为：

①组成工作任务分析小组。小组一般由 3～4 人组成，包括职业学校教师和"实践专家"，他们共同的背景是具有相同的职业（或专业）。

②明确小组任务，包括实地观察、记录、制作照片或草图、收集、整理和评价有关专业资料。

③选择工作岗位。被分析的典型工作任务可能存在于不同的岗位，分析应在能体现该工作任务的多个岗位上进行，通常针对一个职业小类的多个岗位。这些岗位的基本要求是：针对已经确定的典型工作任务，而不是具体的生产任务（如批量生产产品），具有相对完整的工作过程。分析涉及的行业、生产模式和企业规模的差别越大，其结果的代表性就越广泛，开发的课程的普遍意义也越大。

典型工作任务的表述与记录

对典型工作任务进行分析，并将其结果表述为一般化的职业要求。分析可采用观察、访谈（包括行动导向的访谈）、问卷、工作日写实等方法，可利用拍照、收集图纸和程序文件等补充手段。

在此，置身于工作过程中的实际观察非常重要。当仅靠观察不能判断工作内容的意义和作用时，还可通过访谈加以补充。如果工作分析是由不同的人分头进行的，应对视察到的情况进行汇总和归纳。

应对典型工作任务分析的结果进行系统化的记录和整理，这一过程由分析小组全体成员参加，内容包括：

➢ 根据分析引导问题按照每个分析范畴（如工具或工作要求等），由全体小组成员叙述每个人的分析结论和认识；

➢ 汇总记录；

➢ 确认检查吸纳了所有意见，完成详细记录。

典型工作任务分析记录完成后，就可以进行学习领域课程设计了。原则上，一个典型工作任务可以转化成一门学习领域课程。

深入阅读

赵志群. 职业教育工学结合一体化课程开发指南[M]. 北京：清华大学出版社，2009

● 典型工作任务分析法

典型工作任务（professional task）分析法是在"实践专家访谈会"的基础之上，在企业生产运营过程和学习者全面能力发展的大环境中对工作进行整体化分析的方法，是现代职业本位课程开发的重要手段。它的特点是：工作分析的对象不是相对孤立的一个个单项的知识和技能点，而是一个整体的工作任务和工作过程。典型工作任务分析可以帮助人们在随后的课程设计中，准确确定和描述典型工作任务所对应的职业行动领域、职业教育目标和教学内容。

1. 典型工作任务的概念

典型工作任务，是指职业的典型工作任务。它描述一项完整的工作行为，包括计划、实施和评价整个行动过程，反映了职业工作的内容和形式。在反映该任务在整个职业中的意义、功能和作用的同时，典型工作任务也描述了现代职业教育中的一个学习领域。

典型工作任务一般是在实践专家访谈会的基础上，通过实地观察等手段得出的，其分析过程大体分为准备、实施和记录三个步骤。

2. 分析准备

组成工作分析（课程开发）小组。工作分析小组由 3 人至 4 人组成，包括"专家技术工人"、职业学校的教师和企业的培训人员，他们共同的背景是相同的职业（或专业）。

明确工作分析小组的任务，包括召开专家访谈会；实地观察；进行记录（可以以关键词形式）；制作照片或草图；收集、整理和评价有关专业资料。

选择工作岗位。由工作分析小组中的企业专家选择企业工作岗位，该岗位的工作任务必须由专门人才完成，它不针对特定的职业活动和具体的工作任务，例如车削一个驱动轴，具有相对完整的工作过程。被分析的工作任务可能存在于不同的岗位，因此分析应在能体现该工作任务的多个岗位上进行。分析涉及的行业、生产模式和企业规模的差别越大，其结果的代表性也越广泛，在此基础上开发课程的普遍意义也越大。

3. 进行分析

准确描述典型工作任务的内容，一般按照以下 5 个步骤进行：1. 召开实践专家访谈会；2. 工作分析小组描述工作任务实例；3. 在分小组讨论的基础上确认典型工作任务；4. 全体与会人员共同确定典型工作任务的特征，形成典型工作任务表；5. 将典型工作任务表述为一般化的职业要求。表 5-6 的引导问题可以引导整个分析过程的进行。

在工作分析中，置身于工作过程的实际观察非常重要，当仅靠观察不能判断工作内容的意义和作用时，还可以通过提问加以补充。整个工作分析过程可能涉及多名被分析的对象，这时应由分析小组全体成员对视察到的情况进行汇总和平衡。除观察访谈和拍照外，还可通过收集图纸和程序文件等相关资料提供补充。表 5-6 中的提纲还可以对不同工作岗位上得出的分析结果进行比较。

表 5-6　根据分析内容设置引导问题

分析内容	引导问题
工作与经营过程	该任务与哪些工作过程有联系？生产什么产品或提供哪些服务？怎样获得原材料？怎样获得合同？顾客是谁？产品如何得到再加工？
工作岗位	被分析的岗位在哪里？照明条件如何？环境条件(如温度、辐射、通风、灰尘等)如何？有哪些肢体活动？
工作内容	工作任务的内容是什么(如技术产品或过程、服务、文献整理、控制程序等)？在工作过程中的角色如何(操作或维修设备)？
工具	完成任务需要用到哪些工具(如机床、计算机、软件)？如何使用这些工具？
工作方法	如何完成工作任务(查找故障、质量保证、加工、装配)？
劳动组织	工作是如何安排的(独立工作、团组工作、部门)？哪些级别对工作有影响？与其他职业或部门有哪些合作及界限？同事有哪些能力？
对工作的要求	完成任务时必须满足企业的哪些要求？顾客有哪些要求？社会有哪些要求？要注意哪些法律、法规及质量标准？
综合性问题	与其他典型工作任务有哪些联系？与其他的任务分析有何不同？与其他岗位的相同任务有何共同点？本岗位有培训的可能性吗？

分析一个典型工作任务一般需要 1 个小时，如果工作活动较为复杂，所需时间可能延长。

4. 分析结果记录和评价

要想在课程开发中有效地利用分析结果，必须对分析结果进行系统的记录和整理，这一过程由分析小组全体成员参加，内容为：

➤ 根据分析提纲的引导问题，按照每个分析范畴(如工具)，由全体小组成员叙述每个人对其的分析结论和认识；

> 记录负责人汇总记录；

> 所有分析员检查是否所有见解和判断都被考虑在内，以保证得出的是小组共同的分析结果；

> 记录负责人完成详细记录。

记录人应当遵循的基本原则是：让没有经历分析现场的读者能够明白分析结果。建议采用文本式对分析结果进行全面描述。关键词式的纲要不足以使外部读者了解整个分析活动。加入少量而有针对性的照片、草图和插图非常有助于说明事实。当一个典型工作任务的多份分析记录完成后，就可以开始课程开发的中心活动，即课程设计了。

典型工作任务描述案例：机械装置的制作

在工厂的新产品试制和夹具制作时，车间生产人员根据生产任务单、图纸、作业指导书等文件，在规定的工时内以优质高效的工作方式在指定的岗位上，按照专业要求完成各种机械产品的加工、生产、装配等任务。车间生产人员多以班组形式组织生产，每个员工独立完成各自的生产任务，组内协作最终完成产品组装。通常，车间生产人员使用多个岗位上的设备、专用工具和通用工具，参阅材料、设备手册、国家标准等各种资料，在多个岗位上完成零件的生产和装配任务。加工过程中要对零件进行检测，对产品进行装配和检验，对已完成的产品进行记录存档，始终注意对岗位的清理工作，并保证岗位安全，自觉保持安全生产作业及5S的工作要求。

● 参与式课程开发(PCD)

在现代职业教育培训中，以人为本的理念正在变得深入人心。要想推广以人文本，特别是以学生为中心的教育理念，了解参与式的校本课程开发方法(英语 Particpatery Curriculum Development，PCD)具有特别的意义。

所谓参与式课程开发，就是本着各方积极参与的原则，从学校现状分析入手，组织学校、企业、社会等多方面力量，系统分析学习者需求，在充分论证专业人才能力需求的基础上制定、实施课程计划，从而达到学校(专业)目标定位准确、课程计划开发循环往复、动态发展的目的。

1. 参与式课程开发的过程

参与式课程开发过程分为 6 个阶段，即学校现状分析、利益相关者分析、学习需求评价、制订学习计划、实施和评价。

"利益相关者"是参与式课程开发方法的重要概念，是指对课程有影响和受课程影响的人或部门。一个学校(专业)课程开发的利益相关者很多，如教师、学校管理者、学生、家长、用人单位等。在利益相关者中，影响与被影响双重身份的人或部门比例很大，必须选出开发课程计划特别有贡献和有作用的人员加入进来。

参与式课程开发过程的 6 个阶段的工作不是孤立的，而是一个循环的、不断反馈和前进的过程(见图 5-3)。对各个环节的质量监测贯穿于始终。这种监测与课程开发过程是同步进行的，特别是当整个过程进行一轮之后，这里要特别考虑教育政策和社会需求变化带来的影响。

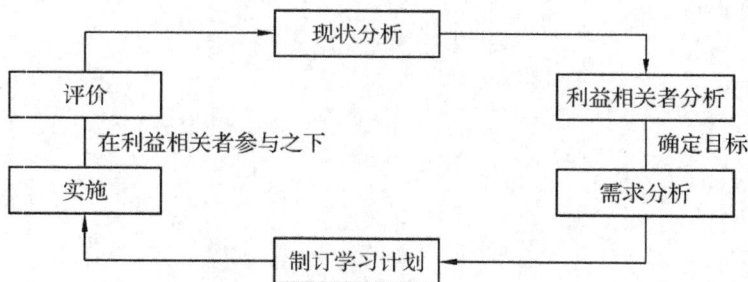

图 5-3　质量监控与评价的过程

这里，学校现状分析主要考虑学校的优势和劣势，存在的机遇和挑战、教学计划的自由度、同类学校(专业)比较以及政策环境和信息交流等情况;学习需求评价是工作量最大的一个环节,是制订课程计划、体系和结构的重要依据。

2. 参与式课程开发与传统课程开发的区别

参与式是现代职业教育的一个核心方法,尽管它与传统课程开发并没有绝对的界限,但充分体现学生在教育培训过程中的中心地位,具有过程特性是它的突出特点。

通过语言学习

通过图像学习

通过参与活动学习

图 5-4　不同的学习方式

传统的课程开发模式主要遵循自上而下的开发原则,即政府主管部门制定框架,企业和社会提供建议和咨询,最后由学校和教师修订实施。这种课程开发模式固定而缺乏弹性,企业、学校、教师和学生这些与教育培训过程越密切的人,参与的程度越低。

参与式课程开发在制订学习计划和组织教学等所有教学行动中同时考虑教师和学生的因素,使教学组织和学生的学习行动融为一个整体。学生随着知识和经验积累的增加,参与的程度不断提高。参与式课程开发可以较好地实现以下目标:

➢ 确定学生的需求;
➢ 满足学生需求的教学方式和手段;
➢ 通过开展教学行动不断完善计划;
➢ 公正客观评价师生的教学行动。

3. 利益相关者分析

利益相关者分析是解决好利益相关者中兴趣高而影响力小、影响力大但兴趣低这两大矛盾的关键,因此是参与式课程开发成功与否的重要环节。在此,要分清主次,有效地调动所有利益相关者介入到课程计划开发中来。可以利用利益相关者分析图来分清各个环节中不同利益相关者的影响程度:

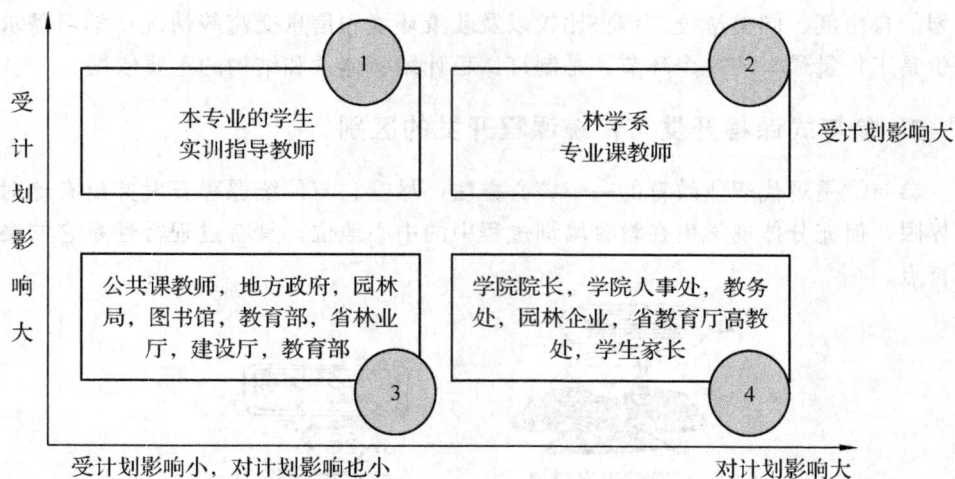

图 5-5　某园林专业课程计划利益相关者分析图

　　图中 1、2、3 和 4 这四个部分受计划影响和对计划影响的程度不同。其中，第 2 部分是课程计划开发最重要的利益相关者。可以通过告知、咨询、建立伙伴关系和参与最后决策保证所有利益相关者的有效介入。

● COMET 职业能力测评

COMET(Competence Measurement)职业能力测评是德国不来梅大学劳耐尔(F. Rauner)领导的由德、中、南非、瑞士等多国科研人员合作开发的职业能力大规模诊断(large-scale diagnostics)工具，类似 OECD 的 PISA(国际学生评价项目)。它以笔试形式，按照"教育性目标"和"职业规范"的双重要求，采用开放式测评题目，诊断特定职业(领域)的认知能力特征，并结合相关背景数据分析被试的职业能力发展状况。

按照 COMET 的理解，职业能力是"人们从事一个或若干相近职业所必备的本领，是在真实的工作情境中整体化地解决综合性职业问题的能力，是人们在承担社会、经济和生态责任的前提下，共同参与设计技术和社会的发展的能力"。因此，职业能力是"理解、反思、评估和完成一系列典型工作任务时所需的主观认知能力的潜力"。

COEMT 建立了世界上第一个经过严谨的实证检验的职业能力模型和测评模型，其理论基础是当代国际学术界公认的一系列职业教育研究的成果，如设计导向的职业教育思想、情境学习、行动导向学习、多元智能论、发展性任务理论(Developmental task)、职业发展的逻辑规律(Development logic)以及工作过程知识理论等，其中：

➤ 设计导向职业教育：上世纪 80 年代末由劳耐尔和海德格尔(G. Heidegger)等提出并发展起来的人文主义职业教育思想，其核心理念是：人不仅要有适应能力，更重要的是有能力本着对社会、经济和环境负责人的态度，参与设计未来工作世界的发展。

➤ 行动导向教学：指师生共同确定行动产品引导的教学组织过程，学生通过主动和全面的学习，达到脑力劳动和体力劳动相统一的学习形式。这里的行动不仅仅是日常生活中的行动、活动或劳动，而是为了达到学习目标而进行的有意识的行为。

➤ 职业发展的逻辑规律：德莱福斯兄弟(H. L. Dreyfus 和 S. E. Dreyfus)在专家智能研究中发现，专业人员"从初学者到专家"(from novice to expert)的职业能力发展过程可分为初学者、高级初学者、有能力者、熟练者和专家等五个阶段，每一个阶段的知识都有特殊的形态，从一个阶段到另一个阶段只能通过完成特定的发展性任务来实现。

➤ 工作过程知识：由社会学家克鲁瑟(W. Kruse)和费舍尔(M. Fisher)等发

展起来的职业教育理论，指有丰富经验的技术工人所特有的、与生产劳动过程相关的知识。它不仅是在工作过程中直接需要的（区别于学科系统化的知识），而且是需要在工作过程中自我获得的，特别需要通过经验性学习后，在工作经验与理论反思间的特定关系中产生。

COMET 职业能力模型由三个维度构成（见图 5-6）：

➢ 内容维度：包括"职业定向性任务"、"程序化任务"、"蕴含问题的特殊任务"和"不可预见的未知任务"四个工作范围和对应的四个学习范围，即"定向和概括性知识"、"关联性知识"、"具体与功能性知识"和"学科系统化的深入知识"。

➢ 能力要求维度：包括 4 个能力级别，即"名义能力"、"功能性能力"、"过程性能力"和"整体化的设计能力"。

➢ 行动维度：包括"获取信息"、"制定计划"、"做出决策"、"实施计划"、"控制"和"评价"等 6 个阶段。

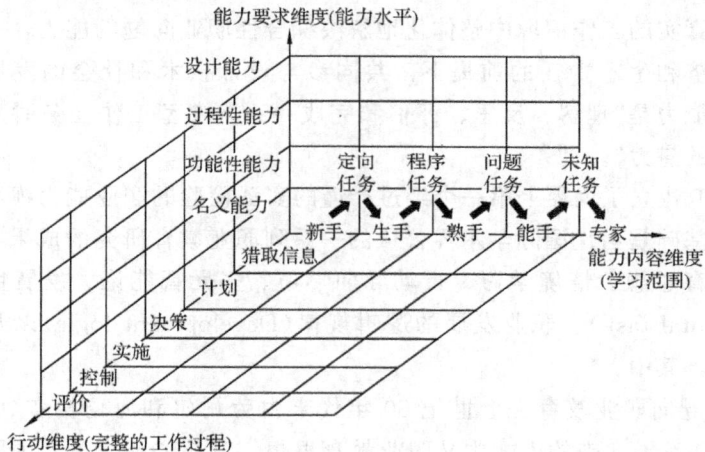

图 5-6　COMET 职业能力模型

为了解释和评价被试所提供的任务解决方案，COMET 建立了针对 4 个能力级别的由 8 个指标组成的指标体系（见图 5-7）：

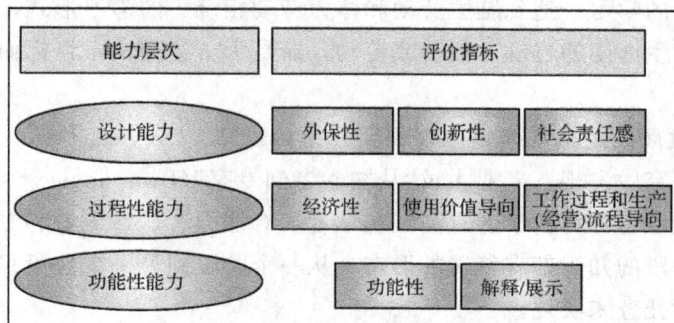

图 5-7　COMET 职业能力的水平级别与评价指标

每个能力级别与能力指标的涵义如表 5-7 所示：

表 5-7　COMET 职业能力的水平级别与评价指标

能力级别	能力指标的涵义
四、设计能力 　　有设计能力者具有丰富的工作经验和专业知识，能创造性地完成工作。	8) 创造性 　　创造性来自学生在特定情境下为完成任务预留的设计空间。不同职业对"创造性"的解释与评判不同。解决方案的创造性也体现在对问题情境的敏感性上。在职业工作中，专家有时会对具有不寻常的创造性解决方案提出质疑，解决方案在满足创造性要求的同时要有助于目标的实现。
	7) 环保性 　　不仅是一般的环保意识，而且要针对工作的过程和结果提出特定的要求。同时要考虑，解决方案多大程度上使用了对环境无害的材料，以及工作计划多大程度上符合环保要求。解决方案还要考虑节约能源和废物回收与再利用。
	6) 社会接受度 　　主要指人性化的工作设计与组织、健康保护以及其他超越工作本身的社会因素（如委托方、客户和社会的不同利益）。同时考虑劳动安全、事故防范以及解决方案对社会环境的影响等。
三、过程性能力 　　有过程性能力者，可以独立完成任务，并且知道为什么这样做，知道其工作在整个生产流程中的位置。	5) 企业生产流程和工作过程导向 　　本指标针对企业的上下级结构以及不同的生产部门。以生产流程为导向的解决方案会考虑上下游过程之间的衔接，考虑跨越个人工作领域的部门间的合作。
	4) 经济性 　　在工作中需要考虑经济性和成本因素。决策时最重要的是权衡支出与收益间的关系，并考虑未来可能产生的后续成本。具有经济责任感的行动，还体现在考虑对宏观国民经济发展的积极影响。
	3) 使用价值导向　职业行动、行动过程、工作过程和工作任务始终要以顾客为导向。有高使用价值的解决方案除满足用户的直接使用要求和减少使用中的故障外，还要考虑后期保养和维修的便利性。解决方案还应有持久性和扩展的可能性。
三、功能性能力 　　有功能性能力者，可以（在没有他人指导下）独立完成任务，但还不知道为什么要这样做。	2) 功能性 　　解决方案要想满足任务要求，实现功能是最基本的、也是决定性的。功能性指标包括工具性的专业能力、与具体情境无关的学科知识以及专业技能。
	1) 直观性/展示 　　在计划和准备阶段，技术工人通过语言或文字描述，利用图纸和草图条理清晰、结构合理地向委托方展示完成工作任务后的结果，使委托方（上级领导或顾客）能针对这一建议性方案提出意见并做出评价。

续表

能力级别	能力指标的涵义
一、名义性能力 　有名义能力者有一定知识，但不能独立完成任务，需要有他人的指导。	名义能力是能力等级的最初级，处于这个能力级别的测评对象已经属于职业的"风险群体"，因此不再设二级能力指标进行细化评级。

　　为了使这 8 项指标具有可操作性，COMET 还未为每项指标设置了 5 个观测评分点，并经过心理测评技术的信度和效度验证（详见参考资料）。COMET 能力测评方案为现代职业教育的教学设计和评价提供了有价值的参考。

参考文献

　　劳耐尔，赵志群，吉利. 职业能力与职业能力测评[M]. 北京：清华大学出版社，2010

专题六　　教学方法

● 演讲与讲解

演讲与讲解是一种常用传递信息的方式，它能够提供给学员基本且重要的背景信息与知识。

1. 演讲的准备工作

准备演讲时，应当完成以下六个阶段的工作：

确定演讲目的

为什么做此次演讲？何时何地做此演讲？演讲是某个整体活动的一部分吗？如果是，那么您发言之前与之后的活动是什么？你对整个活动的主题了解多少？你的演讲偏重理论还是实践方面？

听众分析

思考以下问题：听众对发言主题已经了解多少？他们对主题的态度如何？（反对还是赞成？）他们为什么来参加讲座？（自愿还是被强迫？）他们的理解能力如何？哪些技巧有助于吸引他们的注意，或有可能使他们产生反感情绪？

准备演讲提纲或计划

首先列出要点，然后对它们进行排列顺序。可将用于支持某一要点的例子或观点注明在合适的位置上。然后，将相关信息输入计算机完成书面提纲。一般演

图 6-1　演讲

讲的提纲主要包括以下几方面的内容：

> 教学目标：指通过演讲，希望听众/学生达到的某种预期的变化；

> 简述要演讲的概念或原理；

> 举出具体实例，以说明概念或原理；

> 列出演讲的步骤和顺序；

> 列出演讲的关键内容，叙述达到演讲（教学）目标的关键内容，并按照逻辑顺序将这些内容进行排列；

> 演讲效果评价。事先计划好评价方法。演讲后，可通过提问、测验、作业、讨论和角色扮演等活动形式来评价学生对教学内容的理解程度。

选择并准备媒体与设备

针对每一个要点，考虑借助什么手段或方式使学员更容易接受信息，或是更有助于他们理解。常用的媒体有投影、录像、张贴板和白板等。

确定发言稿提纲的细节

首先应确认所有涉及的内容都以合理的顺序进行了排列。然后，在提纲中注明将在哪里使用媒体或辅助手段，以及将在哪里停顿并回答听众提出的问题。

试讲

一般应根据演讲长度、对内容的熟悉程度以及自信心来决定如何试讲。对经验不足的演讲者，可以站在镜子前练习，或请同事参与试讲过程并给予反馈。

2. 演讲的注意事项

在演讲和讲解教学中，教师应当做到：

> 演讲者（教师）对教学内容有足够的了解，可及时根据具体情形调整；

➢ 采用合适的表达方式：以正规语言和普通话进行；语言表达符合学生理解能力和接受水平；声音洪亮清楚，语速恰当，避免不必要的停顿；不使用单一语调；讲解情绪饱满；

➢ 教师的体态动作应适时加以改变，避免口头语和不良习惯动作；

➢ 注意观察学生，将学生的行为表现和提出的问题及时记录下来；

➢ 与直观教学媒体相结合。

许多日常生活中常采用的语言表达手法和修辞，如比喻、举例和轶闻笑话等，在讲解教学中具有与图表和投影胶片的相同功能。它能简化学生对教学内容的理解。应该注意所采用的比喻和举例具有以下特性：

表 6-1 演讲的自我评价表

评估内容	是	部分	否
开始时阐述讲解目的			
举例说明概念或原理			
学生容易看到演示、听清讲解			
新的概念、原理与学生生活工作经验有联系			
能够解释新出现的术语或有关背景知识			
利用教学媒体说明直观性差的教学内容，有关教学媒体和设备准备工作良好			
讲解顺序符合逻辑			
讲解中能利用多种手段说明关键内容			
结束时对关键内容进行总结			
让学生分析新的、与新内容相关的情境			
注意观察学生，以了解学生的理解程度			
根据学生情况调整讲解的时间、重点和步骤			
教学内容的难度、数量适合学生的理解能力			
通过反馈获知学生是否理解教学内容			
避免过分使用口头语和习惯动作			
讲解时教师情绪饱满			

➢ 与讲解教学内容有直接关系；

➢ 精确。尽量使用典型事例说明，避免从杜撰的事件中得出结论；

➢ 清楚明了。尽量给出足够的细节，使学生跟上教师的思路，不要用无关的信息干扰学生的正常思维；

➢ 符合学生的心理特点，尤其符合学生的理解水平。

● 演　示

　　演示是对重要事件、思想和过程的形象解释。广义上讲，演示就是视听解释，它是教育培训的基本教学手段，是传授操作技能的基本方法。演示能调动学习者的多种感官，使教师想要进行的活动变得生动起来，同时也为学员提供了亲身体验的机会。

　　演示的过程可分为以下 4 步：

　　➤ 准备：包括制订演示计划、准备实物和教具、教师课前进行预演和引发学习者动机等。这里需要向学习者解释演示的目的、在演示过程中需要特别注意的地方以及演示之后学习者要进行的活动。要注意选定一个让每位学习者都能看得清楚的"舞台"。

　　➤ 呈现：为学习者进行操作演示，需一步一步地系统性地呈现操作步骤，强调是操作获得成功的关键。

　　➤ 应用：操作演示后，在教师的监督下，给学习者提供操作实践的机会。理想情况下，每一步演示结束后都可以让学习者进行实践。

　　➤ 检查或跟踪：即评价学习者的操作水平。

　　首先，在制定演示计划之前，教师应首先检查教学目标，确认教学内容确实适合进行演示教学；其次，教师应熟悉演示的内容；最后，如果需要较多的预备知识时，可在演示课前加上一节相关内容的入门课。一般演示过程不应超过 15～20 分钟，因为学习者观察演示过程需要高度集中注意力。较复杂的内容可分解成两个或多个演示部分。

　　下面一些工作步骤可以帮助您进行一次成功的演示：

　　制订演示计划

　　演示计划中要明确演示的目的、内容、应准备的设备、演示的步骤和方法。计划中还应明确每一操作步骤的关键内容，包括安全注意事项。

　　准备教学设备和材料

　　对演示设备和所需材料进行必要的准备，并保证其处于良好的状态。

　　设计演示环境

　　教师要事先安排好演示时师生的位置。应让每位学习者都能看到每一个演示动作，听清每一句解释。可能时，操作演示的环境应与真实的工作环境相一致。应注意：

　　➤ 学习者在教师前面或通过教师的肩头能看到演示的位置。如果操作含有精密动作或需要观察很小的物体，可利用摄像头进行局部放大。

➢ 光线适中。保证演示地点的亮度，不仅可以让学习者观察清楚，而且可以提高他们的注意力。

➢ 控制噪音。通过屏风等装置控制噪音和实验室其他活动的干扰。

➢ 安全和舒适度。演示场地布置应考虑学习者的安全和舒适度，如不要让他们处于一种不舒服的体态。对有危险性的操作演示，应提供安全防护措施，如护目镜、安全服和通风扇等。

事先进行操作预演

演示之前，教师至少应按照计划顺序操作一遍。这一点在演示全新教学内容时尤为重要。它可以帮助教师建立信心，并发现遗漏和准备工作中的疏忽。

引发学习者的学习兴趣

演示之前，教师可首先提出经过精心准备的问题，将学习者引进教学过程，建立起教学内容与学习者已有知识和经验之间的联系。

在演示教学中，教师要尽量满足以下要求：

➢ 清楚。演示速度缓慢，保证学习者不错过关键内容；

➢ 解释新出现的术语，并将其写在黑板上；

➢ 强调操作的安全性。注意永远不要展示错误的操作方法；

➢ 及时提问，以了解学习者的理解程度，为教师下一步活动提供依据；

➢ 注意观察学习者表情。如茫然或困惑的表情，提醒有必要重复演示；

➢ 建立操作标准，让学习者有明确的努力方向；

➢ 结束时应总结和解释关键步骤，让学习者明确知道自己是否已经达到了教学要求。

表 6-2 操作演示自我评价表

评估内容	是	部分	否
演示设施与实际工作情景是否相似			
演示设备、材料以及教学辅助工具是否齐全并处于良好状态			
教师是否采用以下内容引入演示过程 1. 演示教学内容；2. 学生已经知道或体验过的内容；3. 与未来职业活动或生活有关的内容			
教师在演示过程中是否及时解释新的术语			
是否引发学生的学习动机			
是否完整演示每一个操作步骤并对其进行解释			
是否按照本来的逻辑顺序呈现每一个操作步骤			
是否讲解每一操作步骤所必要的知识			

续表

评估内容	是	部分	否
是否涉及操作安全方面的内容			
教师课前是否已完成了那些费时的操作步骤			
演示是否能够保证学生不错过任何关键内容			
演示的每个动作是否清楚可见			
教师是否能够得到学生的反馈意见			
教师操作是否熟练			
通过完成优秀的、完整的操作确立工作标准			
教师是否鼓励学生提问			
是否通过关键问题，保证学生理解演示过程			
是否对演示过程进行总结			

● 提　问

1. 概述

在教学中，当教师希望介绍、总结和复习教学内容，或者提醒学生注意容易忽略的问题、促进学生观察能力和思维能力的发展时，常常采用口头提问。提问是教师用语言创造问题情境、设置疑问而引导学生的学习活动的教学方式，它可以引发学习兴趣，促使学生积极参与到教学活动中去。此外，提问在教学中还有以下功能：

➢ 集中学生的注意力并引发学生的好奇心，引导学生的推理过程；

➢ 发现学生能力水平和兴趣点，为调整和改善下一阶段的学习提供基础。

要想实现上述功能，所提的问题必须满足一些基本要求，主要有：

➢ 内容内涵明确，只有一种含义；

➢ 用大家熟悉的语言，语句简洁短小，便于记忆；

➢ 能激发好奇心，引导学生的推理过程，并有可能立即得到回答；

➢ 及时、有趣，能激发学生思考或引发深入讨论，与所学内容紧密相关；

图 6-2　提问

➢ 回答时需要一定的阐述，不能仅仅用"是"或"不是"回答；

➢ 问题对答案没有任何暗示；

➢ 能促进同学之间的互相理解和合作而不是突出个人。

根据问题答案的内容及其深度，可将问题分为知识性问题、理解性问题、应用性问题、分析性问题、综合性问题和评价性问题六种。在深度上，这六种问题呈递增趋向；而且后者往往建立在前者的基础之上。因此，教师的提问也应当按照这种序列进行。在教学中，应注意避免提出下面这些问题：

➢ 是诱发性问题或反诘问题，其答案用"是"或"不是"就能回答；

➢ 问题的措辞含糊、笼统；

➢ 只能由不在场的专家或权威回答，或需要不能满足的证据来回答；

➢ 有侵犯、攻击个人隐私或宗教文化传统的危险；

➢ 提问只是对教师下一步的讲解做铺垫。

2. 提问的技巧

为了使提问更好地实现教学目标，应当注意以下几点要求：

为学生提供较为安全的问答环境。性格内向的同学有时不愿意主动参与问答。教师应设法建立一种安全、没有批评的环境，使害羞的同学感到舒适、没有威胁感，从而主动参与到学习活动中。

重复问题和答案。特别是在学生人数较多时，为了让全体同学都能清楚地听到问题和答案，可以重复问题和答案。也可让一位同学对另一位同学的回答做出反应，让更多的同学参加讨论。

提问要面向全体同学，而不仅仅是局限于部分优秀的同学。让全体同学都有回答问题的机会，有利于调动全体学生参与教学活动。一种保证较弱的同学参加回答问题的有效方法是：在全体学生已经掌握的基础上提问。

在问题提出后再指定同学回答。只有这样，才能调动全体同学的积极性。

应对正确的答案做出鼓励性的反馈，但不要对不正确或不完全正确的回答进行批评。有时学生的答案不是很清楚时，教师可以用正确的句子复述学生的答案，例如："你是说⋯⋯"。注意在学生说完之前，不要打断他们或用批评的语言。

通过直接提问，可以将注意力不集中的学生引入到思考和讨论中，但要首先引起他们注意后，再提出问题。

在参与式的研讨班上，教师提问时，常常将问题用大的、可辨认的字写在卡片上或展示板上。同时还要征求学生的意见，看是否有需要进一步明确的地方，如果大家没有完全理解问题的意思，或者学员不同意问题的措辞，可以共同来重新描述问题。

3. 对学生的反馈的处理

设计好和用正确方式提出问题后，还要正确控制和处理学生反馈回来的答案。答案分四种：

➤ 对正确的答案给予表扬和赞许。

➤ 对部分正确的答案，教师应肯定正确部分，并促使学生改正错误部分。也可向其他同学提问得到补充答案，如"你对这个答案还有什么补充吗？"。

➤ 对完全错误的答案，教师应给出不表示批评的反应，如"这是一个很好的尝试，但是问题的关键被忽视了"。然后再向其他同学提问。应告诉回答错误的同学，他稍后还要复述正确的答案，这对反应不敏捷的同学是有效的。

➤ 如果根本得不到回答，应考虑是否问题太难了，应考虑是否再讲解一遍内容。

这里需要强调的是绝不要嘲讽学生。有效利用错误的答案是促进学习的良好机会。

表 6-3　口头提问自我评价表

评估内容	是	部分	否
清楚、明确，只有一种含义			
有趣、及时，能引发学生思考			
根据学生的不同情况提问			
有多种问题类型，不能仅用是或不是回答			
提问了解学生对教学内容的掌握程度			
提问后给学生一定的思考时间			
提出的系列问题符合逻辑顺序			
所有学生均有回答问题的机会			
对学生的回答及时做出正确反应			
问题言简意赅，学生能理解实质内容			

● 教学方式

教学方式是教学方法的活动细节，即由学习内容决定的教师与学生活动的分配方式。职业教育教学方式可分为以教师为中心的教学方式和以学生为中心的教学方式。

1. 以教师为中心的教学方式

在以教师为中心的教学方式中，教师处于教学活动过程的主体地位，控制和掌握教学过程的各个阶段。以教师为中心的教学方式包括传授式和发展式。

传授式教学包括讲解、演示和模仿。在此，教师有充分主动性，容易控制教学过程。但由于教师单方面输出信息，缺乏足够的信息反馈和学生参与，学生学习积极性易受到影响，记忆效果也不甚理想。传授教学采用较为简单的教学组织形式和教学媒体（如黑板和粉笔），缺乏有意识的学习环境和学习气氛设计，对教师教学能力的专业化要求局限在"讲授"和"示范"上，无法体现现代教学所倡导的自主学习意识和能力，也不能实现发展社会能力的教育目标。

发展式分为提问展开、启发和谈话式三种，它是从以教师为中心向以学生为中心的一种过渡方式。教学内容由教师和学生共同展开，教师起引导作用。

2. 以学生为中心的教学方式

在以学生为中心的教学方式中，学生在没有教师直接帮助下达到学习目标。教师的任务是为学生独立学习创造条件，起咨询和辅导作用。以学生为中心的教学方式可分为自我开发式学习和自我控制式练习。

自我开发式学习是在没有教师直接帮助下，学生围绕已明确了的学习目标独立完成学习任务，这里的独立学习本身就是职业教育的重要目标。现代职业资格标准要求的独立制订计划、实施计划并检查结果，直接对采用自我开发式学习提出了要求。自我开发式学习可使学生在多变复杂的工作环境中，独立选择工具、设计工作方法、控制工作过程和保证工作质量，因此能促进职业能力和关键能力的发展。

自我控制式练习一般发生在其他学习过程之后，是对学习内容的复习、记忆或系统性加工。这里，学生活动占主导地位，教师的任务是对学习过程进行控制和质量保证。

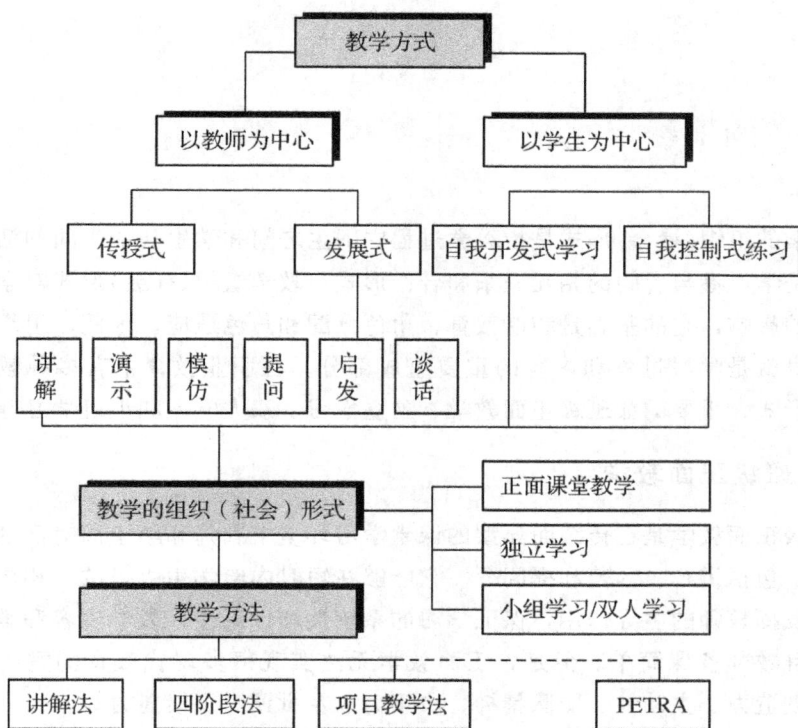

图 6-3 职业教育教学法体系

以学生为中心的教学特别适合继续教育，其优点是：

➢ 激发学习动力：学习者从自己兴趣出发，目标明确，有较高的学习积极性；

➢ 能实现个性化教学：以往教师代替学生统一决定学习内容、进度、工具和方法的做法，不能满足培训教学的个性化需要；

➢ 培养学习型人格特征：当学习者习惯了主动学习，热爱学习并不断主动寻求学习机会时，学习就成为一种内化的职责；

➢ 符合成年人学习规律：在工作岗位和工作过程中自主、灵活地学习，具有较高的学习效率；

➢ 随时了解学习效果，获得激励和反馈：工作岗位上的以学生为中心的学习有明确的学习目标和评价标准，而且通过实际工作中的运用和思考，容易获得客观评价。

以学生为中心的培训可以全面促进人的职业能力发展。对这种方式缺乏足够重视，是造成我国教学培训质量低下的主要症结。理论上说，以学生为中心的教学可以达到任何一个学习目标，条件是学习者要了解达到这一目标的手段和方法，并有强烈的成就欲。在实践中，这些条件限制了以学生为中心的方式在教学中的应用。因此，人们创造了一些辅助手段，如用引导课文来打破这一限制。

● 教学的组织(社会)形式

教学的组织(社会)形式是指教学过程中师生之间和学生与学生间的活动分配方式，是学习参与者间的相互关系和合作形式。教学组织(社会)形式对学习过程有直接的影响，它的基础是和谐教育、角色分配和角色适应。因此，组织(社会)形式本身就是学习过程和内容的重要组成部分。在职业教育中有多种教学组织(社会)形式，重要的如班级正面教学、独立学习、双人学习和小组学习等。

1. 班级正面教学

班级正面教学是在传统而典型的课堂学习环境中教师和学生面对面的教学组织形式，包括讲解、示范和提问等。它能够在短时内给学生大量的、相同的信息以利于发挥教师的主导作用，保证学习的系统性和计划性，教学内容和教材容易更新而且教师备课简单。但是，正面教学无法实现很多现代教育的重要培养目标，如创造力、主动性、团队精神、决策力以及批评与反馈能力等。

2. 独立学习

独立学习是学生在没有教师和其他同学直接帮助下的学习，主要目的是促进独立工作能力和个性发展。独立学习的优点是：

> 学生可按照愿望、较自由地学习部分或全部内容；
> 通过相应学习程序，可使培训方式规范化；
> 可根据学生情况灵活调整学习时间、进度、方法和风格。

独立学习的局限性主要表现在教学内容和教材更新周期较长，不适合培养关键能力和不适合顽皮、学习动力不足的学生。独立学习需要一些基本条件，如图书馆和学习资源中心等。这里，开发系统的学习包具有重要的意义，除印刷资料和模型外，它还包括视听媒体和计算机软件等。

3. 小组学习与双人学习

小组学习指多个学生在没有教师或其他同学的直接帮助下学习和复习教学内容、解决实际问题。它是较独立学习要求更高的、以学生为中心教学方式相对应的组织形式。每个小组的学习内容可以相同，也可以不同，其教学步骤见图6-4。小组学习的优点是：

> 在复杂环境中学习，可系统培养信息交流等关键能力，达到较高认知

目标；

➤ 在培训中，能提供自由讨论环境，加强管理者和被管理者之间的交流；

➤ 学生可自己设计和调控工作过程；可培养分析工作内容、分配任务、协调工作过程、评价和展示成果等多方面组织管理和创造能力；

➤ 学习解决冲突、承担责任以及互相学习互相帮助的能力和热情，体验和判断自身行为对于小组的影响，找出学习需求。

小组学习并不是大家简单地聚在一起做一些事情。这里，每个学习者应当对自己的学习行为和自己对别人的影响有清醒地认识。小组学习有以下基本特点：

➤ 由小组全体成员共同承担工作和学习任务，小组尽可能独立自主完成任务；

➤ 教师事先分配任务，整个学习过程的组织、设计权都在学习小组成员手中；

➤ 学习小组对取得的成果和学习目标进行比较，师生和同学之间交流学习经验。

学习内容相同时的小组学习　　　　　学习内容不同时的小组学习

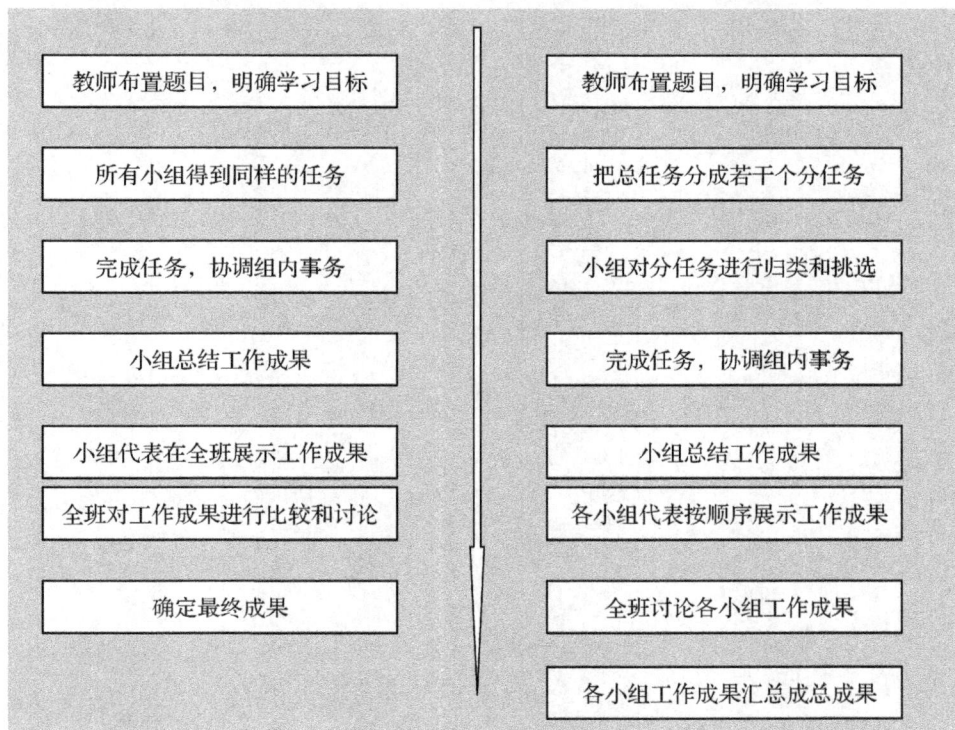

学习内容相同时的小组学习	学习内容不同时的小组学习
教师布置题目，明确学习目标	教师布置题目，明确学习目标
所有小组得到同样的任务	把总任务分成若干个分任务
完成任务，协调组内事务	小组对分任务进行归类和挑选
小组总结工作成果	完成任务，协调组内事务
小组代表在全班展示工作成果	小组总结工作成果
全班对工作成果进行比较和讨论	各小组代表按顺序展示工作成果
确定最终成果	全班讨论各小组工作成果
	各小组工作成果汇总成总成果

图6-4　教学内容和不同时的小组学习的程序

　　学习小组是实现群体合作学习目标的基本手段，一般为 4～8 人一组。教师只提供学习任务，主要起陪伴与咨询作用。在分组学习时应注意以下特点：

　　➢ 组内异质，组间同质，可为小组间竞赛创造合理平等的条件；有时也可同质组合，使弱势学生有竞争第一、赢得成功和尊重的机会。

　　➢ 合理分工，结果整合。即使小组间能力大体均衡，在组内也把学习任务分解成若干块，成员各负其责，除完成自己承担的任务外，还须为集体成果负责。

　　➢ 个人计算成绩，小组合计总分。合作学习既追求团体总分，也不放弃个人得分，既发挥了优势学生积极性，也调动了弱势学生的积极性。

　　➢ 分配角色，分享领导。学生可根据课题内容轮流担任项目负责人，亦可分担不同任务角色，使每个人都在不同角色中得到锻炼和提高。

　　小组学习的缺点主要是教师组织任务复杂繁重和学生（不佳的）学习态度对学习效果的不良影响。在推广小组学习之前，常采用双人学习作为初级形式。

● 行动导向教学

人们通过多种努力，探索现代职业教育的学习规律，职业教育学从传统的机械教育学理论向进化教育学理论发展。相应的，学习理论研究也从探索"生产性教学策略"转向探索"可能性教学策略"。按照"可能性教学策略"，人们更加重视研究学习情境和学习主体，强调采用研究式的、自我管理式的和打破常规的学习，重视伴随学生主观感受的学习过程。

表 6-4　生产性教学策略与可能性教学策略的比较

生产性教学策略	可能性教学策略
教学理论是设计教学过程的理论（如选择、准备和传授教学内容）	教学理论是研究学习场景和主体的理论
主要方法为教学准备、教学简化和内容传授的方法	主要方法为研究式、自学式和打破常规的学习方法
代替学生开发学习内容	伴随学生主观感受自我管理式学习过程

可能性教学策略从新的角度理解和构建职业学习过程，这对教师提出了新的、专业化的要求，即必须了解职业学习的学习规律，才能在此基础上设计科学的职业学习方案、建立最佳的职业学习环境，以保证学习的有效性。行动导向教学便是一种重要的学习规律。

1. 行动导向教学的基本含义

行动导向教学是指通过师生共同确定行动产品来引导教学组织过程，学生通过主动和全面的学习，达到脑力劳动和体力劳动的统一的学习方式。这里的行动不仅仅是日常生活中的行动、活动或劳动，而是为达到学习目标而进行的一种有意识的行为，其基本特征是：

➢ 学生可以从多种可能的行动方式中选择自己的方式；

➢ 学生在行动前能对行动可能产生的后果做出预测，通过有计划的行动，有意识、有目标地去影响行动的后果。

行动导向教学的根本特征是用"完整的行动模式"（即学生以小组的形式独立制订工作和学习计划、实施计划并进行评价）替代按照外部规定完成给定任务的"部分行动"模式。教师通过合适的学习任务和多种辅助手段（如引导课文）帮助学生独立获得必需的知识并构建自己的知识体系。阿诺尔德（R. Anold）将行动导向的学习过程划分为"接受任务""有产出的独立工作""展示成果"和"总结谈话"4 个必须经历的"学习情境"。希尔顿(A. Schelten)将行动导向的学习特征从以下几方面进行了归纳:

表 6-5 行动导向的学习特征

项目	表现特征
教学内容	多为结构复杂的综合性问题;与职业实践或日常生活有关;具有工作过程的系统性特征;有一定的实际应用价值;可促进跨学科的学习
学生	照顾学生的兴趣和经验;通过迁移应用建立理论与实践的联系;强调合作与交流
组织形式	学生自行组织学习过程,学习多以小组进行,留给学生尝试新的行为方式的实践空间
教学方式	多种教学方式交替使用
教师	是学习过程的组织者和专业对话伙伴,应习惯学生独立学习的工作方式

行动导向教学采用跨学科的综合课程,如项目和学习领域课程,强调"思维"和"行动"的统一。每一个完整行动过程的起点都是"理智的尝试性行动",终点是"行动目标与行动结果的比较";它不强调知识的系统性,注重"案例"和"发现"以及学生自我管理式学习。行动导向教学遵循以下原则:

➢ 相信学生具备理性、自由,甚至具备自我否定的能力;
➢ 不求教师和学生是完人,而是一个会犯错误并能从错误中学习的人;
➢ 推动和促进独立思考,而不是提前给出答案;
➢ 提倡共同负责,而不是一个人对所有事务负责;
➢ 提出和允许提出多种建议,而不是只有一种答案;
➢ 允许学生进行组织,而不是给出组织措施;
➢ 允许学习者制订计划和控制学习过程,而不是所有过程都由教师确定;
➢ 允许学习者自己制定评价标准并检查学习成果;
➢ 鼓励和赞扬,而不是指责和挑剔。

2. 行动导向的教学方法

在理论上,"行动导向"与"知识导向"的学习方法并不是完全对立的。因此行动导向的学习并没有专门对应的教学方法,而是多种方法的综合运用。许多传统的学习方法仍然行之有效,如探究式学习和解决问题式的学习等。这里最重要的是:要留给学生尝试新的行动方式的实践空间。

按照方法的复杂程度,行动导向学习可以分为三个层次:

➤ 实验导向性学习，主要过程为制订实验计划、进行实验和检验评价，目的是解决技术问题，适合实现较为单一而明确的学习目标。

➤ 问题导向性学习，主要过程为厘清问题实质、确定结构、解决问题和实际应用结果，目的是培养技术思维能力，典型的如头脑风暴法、思维导图（Mind-map）和优劣势分析法（SWOT）等。

➤ 项目导向性学习，按照完整的行动模式，全面培养技术、社会、经济和政治等方面的能力，促进创新精神的发展，典型的如项目教学法和引导课文教学法（德文 Leittext）等。其中，项目教学是师生通过共同实施一个完整的"项目"工作而进行的教学行动，它既是一种课程模式，又是行动导向教学的基本教学方法。美国教育家杜威（J. Dewey）曾将其与整个学校教育制度的改革结合起来，并发展成为其民主教育思想的重要组成部分。按照教学论大师科拉夫基（Klafki）的分类，项目教学与教程法、课题法和实践练习法一样，属于最基本的四种教学方法之一。

由于现代工作方式要求劳动者对工作过程有更加深入的了解和有更全面的能力，工作过程知识（work process knowledge）的获取必须通过案例性的岗位学习实现，因此行动导向同样是现代企业岗位培训的重要指导思想。20 世纪后期发展起来的"分散式学习"，就是将工作过程和学习行动结合在一起的行动导向的现代岗位培训形式，其特点是学员（常在引导课文的帮助下）单独或以团队形式在工作岗位上或岗位附近完成学习任务，典型的有"质量小组""学习车间"和"学习岛"等形式。

四阶段教学法

1. 四阶段教学法的概念

四阶段教学法是把教学过程分为准备、教师示范、学生模仿和练习总结四个阶段的程序化技能培训方法，这四个阶段是：

（1）准备：教师设置问题情境，说明学习内容的意义，调动学生学习积极性。

（2）教师示范：主要目的是让学生知道操作程序，即"怎样做"。

（3）学生模仿：挑选多个学生（按接受能力从强到弱的顺序）按示范步骤重复教师操作，必要时解释做什么，为什么这样做。教师观察学生模仿过程，得到反馈信息。

（4）练习总结：教师布置练习任务让学生独立完成，自己监督整个练习过程，检查练习结果，纠正错误。教师还对整个学习内容进行归纳总结，重复重点和难点。

四阶段教学常用于实践技能培训，第二、三阶段在一个教学单元中可以反复进行，具体次数视学生掌握程度和课题难易程度决定。

四阶段教学法的学习过程与人类认知学习的规律极为相近，学生能够在较短时间里掌握学习内容。但是，由于学生没有机会尝试自己的想法，而必须模仿教师的"正确做法"，因而很大程度上限制了创造性的发挥。

2. 四阶段教学法的实施过程

表6-6为四阶段教学法的详细过程。在实践中，教师可根据实际情况加以取舍。

表 6-6　四阶段教学法的详细过程

第一阶段：准备阶段	
1. 基础准备工作 划分教学单元 准备必须的仪器设备、工件和教具	
2. 学生介入 教学开始	教师与学生之间相互问好； 介绍学习本教学单元内容的意义。
说明学习目标，激发学生的兴趣	准确描述课题的任务； 向学生展示教学工具、设备和加工工件； 介绍所要加工工件的用途、功能和所学工作行为方式的重要性。

确认学生的基础水平	注意观察学生已掌握的操作或行为方式； 让学生演示已学过的操作或行为方式，确定下一步教学程度。
正确引导	让学生感到现在教师示范的就是他一会儿必须做的，学生不能站在教师的对面。
第二阶段：教师示范 1. 第一种示范形式： 给出基本概况和第一印象	示范整个工作过程，解释在"做什么"，按照操作步骤进行； 不详细处理每个细节（怎么做，为什么这样做）； 重复多次整个复杂过程，并让学生说出下一个步骤的名称。
2. 第二种示范形式： 具体到每一个细节	按照每个学习步骤示范，详细解释"怎么做，为什么这样做"； 重复难度较大的步骤； 注意在讲解过程中使用同样的术语和表达方式。
3. 第三种示范形式： 总结	对整个过程进行熟练示范并用简洁的语言解释"什么，怎么"； 在进行每个示范步骤之前，让学生说出该步骤的名称； 可能时，让学生独立描述工作过程并说出注意事项。
第三阶段：学生模仿 1. 第一种模仿形式： 获得基本概况和第一印象，尝试	给学生自由表达意见的机会； 肯定学生在首次尝试中取得的成绩； 尽量不打断学生的模仿过程，只是在学生继续不下去或继续下去肯定不会成功时才加以干涉； 在第一次尝试失败时，教师重复示范整个过程，但要着重强调引起学生失败的那个步骤，可通过与学生的讨论增强效果。
2. 第二种模仿形式： 具体到每一个细节	让学生按照每一个步骤模仿工作或操作过程，详细说明"什么"、"怎么做"和"为什么这样做"； 注意解释操作过程的逻辑关系； 让学生对整个过程进行较流利的模仿并用简洁的语言解释在"干什么"，"为什么这样做"； 让学生模仿每一步骤前都能说出其名称。
3. 第三种模仿形式：总结	对重要工作过程和注意事项进行提问，特别是难点。
第四阶段：练习与总结 1. 让学生独立练习	预先告知练习的期限； 让学生在较长的时间里独立工作。
2. 让学生了解在哪里可以得到帮助	学生可与已掌握本教学内容的高年级学生建立一种师生关系，以便获得克服练习中所遇到的困难的帮助。
3. 在开始时注意并向学生提供较多的帮助	注意学生取得的成绩并让学生本人也感受到，可同学生共同评定成绩。
4. 掌握练习进程	避免密集型练习，教师应合理安排作息时间和变换教学内容，保障学生学习新内容所需要的体力、敏感和思维反应能力。
5. 认可练习结果	和学生讨论练习的成果。
6. 形式上结束教学单元	指正学生在练习中出现的错误和不足之处； 总结学习成果。

● "头脑风暴"法

1. "头脑风暴"法的概念

"头脑风暴"(Brains torming)是教师引导学生就某一课题，自由发表意见，教师不对其正确性或准确性进行任何评价的方法。"头脑风暴"法与俗语中的诸葛亮会类似，是一种能够在最短的时间里，获得最多的思想和观点的工作方法，已被广泛应用于教学、企业管理和科研工作中。

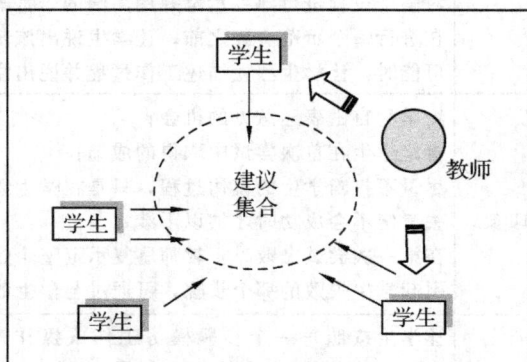

图 6-5 "头脑风暴"的目的是获得大量建议

在传统的教育培训中，人们常常把教学重点放在传授理论知识和技能上，而很少或根本没有考虑到培养学生把合理的想象、幻想同现实相结合的能力以及发散思维的能力。这在很大程度上束缚了学生创造能力的发展。"头脑风暴"法通过促进学生创造能力的发展，可以在一定程度上弥补这方面的不足。

在职业教育与培训实践中，可通过"头脑风暴"法，讨论和收集解决实际问题的意见和建议（总称为建议集合）。通过集体讨论，集思广益，促使学生对某一教学课题产生自己的意见，通过同学之间的相互激励引发起连锁反应，从而获得大量的构想，经过组合和改进，达到创造性解决问题的目的。

2. "头脑风暴"法的适用场合和实施过程

"头脑风暴"法适用于解决没有固定答案的、或者没有参考答案的问题，以及根据现有法规政策不能完全解决的实际问题，如商品营销中的买卖纠纷、导购、广告设计，加工专业的工作程序设计教学等。"头脑风暴"一般按三个步骤实施：

➢ 起始阶段：教师解释运作方法，说明要解决的问题，鼓励学生进行创造性思维，并引导学生进入论题。

➤ 意见产生阶段：学生即兴表达各自想法和建议。教师应避免对学生的想法立刻发表意见，也应阻止学生对其他同学的意见立刻发表评论。

➤ 总结评价阶段：师生共同总结、分析实施或采纳每一条意见的可能性，并对其进行总结和归纳。

经验表明，由"头脑风暴"产生的建议约有 5％～10％是可行的。当学生人数多于 6 人时，可把建议集合分成几部分进行分组讨论。

3. 实施"头脑风暴"法的一些技巧

引导激励自由联想

实施头脑风暴法应要善于引导并激励学生开展自由联想，一般有三种联想类型：

➤ 相近联想。如由婴儿鞋子可以联想到婴儿，引导问题如"此前是什么情况"？"与此同时出现什么"？"以后将发生什么"？

➤ 相似联想。如看到狗想到老虎，引导问题如"这与什么东西有共同属性"？

➤ 相反联想。从侏儒联想到巨人，引导问题如"与其相反的是什么"？"假如出现相反的情况将如何"？

建立自由思考气氛

采用"头脑风暴"法时，要求所有学生都积极参与到创造新思想的过程中。学生不需为自己的观点陈述原因，其他学生也没有必要立刻对某个学生的观点加以评价、进行讨论或提出批评。应该鼓励同学提出一些似乎很唐突的想法，因为这极有可能引发出智慧的火花。因此应当遵循以下规则：

➤ 任何一个想法都是重要的，提出的想法越离奇可能越有价值；

➤ 不对任何想法提出批评，不说"更好的想法是……"之类的话；

➤ 要强调提出想法的数量，譬如在 5 分钟内提出 50 个想法；

➤ 可以重复、修改别人提出的想法，不要说"已提过这个想法了"；

➤ 要有主持人进行引导，尤其是当出现沉默或讨论比较乏味时，要有应变并提出新思路的能力。

使用简洁的语言

参与者应学会使用简洁的语言说出自己的想法，掌握遇到抵触情绪和沉默的方法，能胜任记录员、主持人或激励者的不同的角色。

"头脑风暴"法应在一个开放、轻松的环境中进行，时间很短。可将其插入到任何一个教学单元或工作过程中。但是，对各种意见的评价和整理需要花费较多的时间。

表 6-7 采用"头脑风暴"的注意事项

采用"头脑风暴"的注意事项	
时间	约 5～15 分钟
小组人数	5～12 人
结果保证	确定记录员，或就卡片征求所有人的意见
评价	在收集所有卡片后检验建议的可行性，引出进一步的设想

● **思维导图（Mind-Map）**

1. 思维导图的概念

思维导图又称为脑图（Mind-Map）或概念图（Concept-Map），是用于组织和表征知识的工具，它通常将与某一主题的有关概念置于圆圈或方框之中，然后用连线将相关的概念和命题连接，连线上标明两个概念之间的意义关系，如图 6-6 所示。

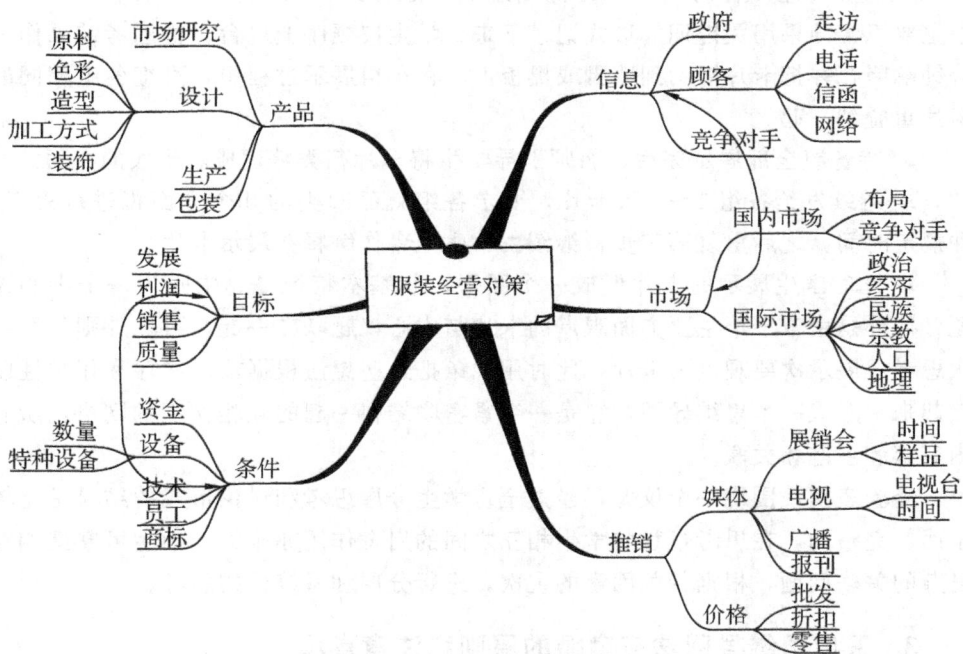

图 6-6 思维导图举例

人类大脑思维呈现的是放射性树状结构，而我们在日常工作中总结这种思维成果时往往采取线型方式，缺乏关联和重点。思维导图采取画图方式，将思维重点、思维过程以及不同思路之间的联系清晰地呈现在图中。这种方式在处理复杂问题时，既能显示出思维的过程，又可以很容易地理清层次，掌握重点。对于那些整天面对各种复杂问题并且需要尽快做出判断的人们来说，具有明显的帮助。

思维导图是打开大脑潜能的图解工具，它同时运用多种智能，包括词汇、图像、数字、逻辑、韵律、颜色和空间感知等，帮助人们有效地学习和工作。思维导图以直观形象的方式进行表达和思考，接近人的自然思维过程。使用思维导图学习新知识，人们不再被动记忆教师的每句话和一串串句子，而是主动地对关键概念进行加工、分析和整理。

2. 思维导图法的程序

采用思维导图法教学和工作的基本程序是：

➤ 把学生（或参与者，下同）组成 2～4 人的合作学习小组。

➤ 教师（或主持人，下同）宣布借助思维导图法，共同讨论一个中心议题，并提出解决的问题和希望实现的目标，同时提出需共同遵循的原则和注意事项，鼓励每个人积极思考，引导保持主题方向。

➤ 宣布小组工作时间以及讨论结果的表达方式；发给每组二级卡片，要求把主要思维结果用关键词的形式记录下来；学生按顺序上讲台，把思考结果作一分钟解释，并把卡片展示到墙脚或黑板上。在小组展示过程中，可把各组相同的卡片重叠到一起。

➤ 待各组全部展示完后，教师引导学生将卡片归类整理成若干大的方面。

➤ 继续发给各组 1～2 张卡片，要求各组就已归类的几个方面再进行思考，并规定时间，之后重复第三步，继续由学生上台作解释并展示卡片。

➤ 此时学生展示的卡片形成一个图形，其基本特征是：中间为一个中心议题，往外是由若干个主要方面观点的卡片与中心议题联在一起，再往外则是第二次思考后展示次要观点的卡片，此时用线条把这些想法根据前后次序和相关性联接起来，形成一个思维导图，它是一个紧密联结在一起的互相交织的网络，所有内容都和主题相关联。

经验表明，围绕一个议题，经过全班学生分层思考和讨论形成的结果是比较全面、完整的，在思考过程中学生相互之间的启发作用亦很大。学生可掌握相对复杂的关联问题，根据相关因素的主次，进行分层和系统化的思考。

3. 采用思维导图法应遵循的原则和注意事项

在采用思维导图法进行教学和工作的过程中，应遵循以下几个基本原则：

➤ 禁止批评和评判，即使对幼稚的、错误的意见也不要立即加以批评；

➤ 允许和鼓励每个人充分发挥想象力，不关心顺序是否符合逻辑，要把所有与中心议题有关的想法写下来。

对于思维导图结果中的某些要点，教师可以进行进一步的引导或深入讲解，以利于学生思维的纵向发展。

如果思维导图法运用得当，可以发挥出集思广益的奇效，不但使每个人独特的思考不受压抑，而且可以借鉴别人的智慧，激励自己的想象与灵感，产生更多更新、更深层的想法，比独立思考获得更完美、更有价值的结果。采用思维导图法时应当注意：

> 讨论议题要具体明确，不宜过大或过小，不要同时讨论多个问题；

> 讨论进程要有节奏，时间计划性强，明确思考时间和上台展示解释时间；

> 利用关键词表达意思，字体尽量写得大一些；

> 教师对学生展示应作记录，多用肯定和鼓励的词语，可作简要的评价；

> 最后教师要进行归类、总结，形成最佳图示。

思维导图在我们的生活学习和工作的很多方面都可以应用，它是一个在不断发展和完善的工具，同时它也是一门在不断精练和提高的技术。它的应用如下：

> 笔记：在课堂学习、听演讲和面试需要记录要点时，用思维导图作记录将要点记下，把相关的意念用线连上，方便记忆。画思维导图的过程，可帮助了解及总结信息及意念。

> 温习：在准备考试需加深记忆时，将已知资料或意念以思维导图画出来能加深记忆。

> 小组学习：在小组讨论中，小组共同创作思维导图。首先由各人自己画自己意念，然后将每个人的思维导图合并决定重点，最后重组一个共同的思维导图。这可以提升团队归属感及加强合作。

> 创作：在探究创新时，将所有环绕主题的意念写下来，再对其进行组织和合并，画出新的思维导图。休息放松后，修改思维导图。

> 选择：当有多个意念要求我们选择及作出决定时，思维导图有助于全面及清晰地思考问题。先将须考虑的因素、目标、限制、后果和可行性等用思维导图画出来，再标志上重要程度或喜恶加权，最后作出决定。

> 演讲和展示：在须向别人说出自己的思想时，思维导图可以协助演讲人构思，并使听众容易明白。

> 计划：在指定计划时，思维导图可帮助我们将所有重要的意念写出来，再组织成有具体目标的计划。设计完成后也很容易撰写报告。

深入阅读

苏州市劳动和社会保障局. 行为引导型教学操作实务[M]. 苏州，2003

● 项目教学法

项目教学法最早可以追溯到 16 世纪罗马圣路卡艺术与建筑学院（Acc ademia di San Luca）开展的项目教学，从 20 世纪 70 年代起开始在职业教育界得到了推广。在我国，项目教学法也被认为是一种课程模式。

1. 项目教学法的概念

项目教学法，是师生通过共同实施一个完整的"项目"工作而进行的教学行动。在职业教育中，项目是指以生产一件具体的、具有实际应用价值的产品为目的的工作任务，它应该满足下面的条件：

➤ 该项工作具有一个轮廓清晰的任务说明，工作成果具有一定的应用价值，工作过程可学习一定的教学内容；

➤ 能将某一教学课题的理论知识和实践技能结合在一起；

➤ 与企业实际生产过程或商业经营行动有直接关系；

➤ 学生有独立进行计划工作的机会，在一定的时间范围内可以自行组织、安排自己的学习行为；

➤ 有明确而具体的成果展示；

➤ 学生自己克服处理在项目工作中出现的困难和问题；

➤ 具有一定的难度，不仅是已有知识、技能的应用，而且还要求学生运用已有知识，在一定范围内学习新的知识技能，解决过去从未遇到过的实际问题；

➤ 学习结束时，师生共同评价项目工作成果和学习方法。

以上所列八条标准，是理想项目具备的条件。事实上，在教育培训实践中，很难找到完全满足这八项标准的课题，特别是学生完全独立制订工作计划和自由安排工作形式。但当一个课题基本满足大部分要求时，仍可把它作为一个项目对

图 6-7　汽车维修专业的教学项目：模型车制作

待。况且，满足全部条件的项目并不一定就能保证教学成功，如学生在制订工作计划时，若目的不够明确或犯了错误，都会影响最终效果，这时就需要教师及时干涉。

在技术领域，很多小产品或一些复杂产品的模型都可以作为项目，如门（木工专业）、模型汽车（机加工专业）、报警器（电子专业）、测量仪器（仪器仪表专业）以及简单的工具制作等；在商业、财会和服务行业，所有具有整体特性并有可见成果的工作也都可以作为项目，如销售专业不同场合的商品展示、产品广告设计、应用小软件开发等。

过去，人们在项目教学中多采用独立作业的方式。现在，随着小组生产方式推广对教学要求的提高，人们越来越多地采用项目教学来培养学生的社会能力和其他关键能力，因此也更多采用小组工作方式，即共同制订计划、共同或分工完成整个项目。有时，参加项目教学学习的学生来自不同专业和工种，甚至不同的职业领域，如技术专业和财会专业，目的是训练实际工作中与不同专业、部门同事合作的能力。

2. 项目教学法的实施过程

项目教学法一般按照以下 5 个教学阶段进行：

确定项目任务

通常由教师提出一个或几个项目任务设想，然后与学生一起讨论，最终确定项目的目标和任务。

制订计划

由学生制订项目工作计划，确定工作步骤和程序，并最终得到教师的认可。

实施计划

学生确定各自在小组中的分工以及小组成员合作的形式，然后按照已确立的工作步骤和程序工作。

检查评价

先由学生自己对工作结果进行自我评价，再由教师进行检查评分。师生共同讨论、评判项目工作中出现的问题、学生解决问题的方法以及学习行动的特征。通过对比师生评价结果，找出造成结果差异的原因。

归档或结果应用

项目工作结果应该归档或应用到企业、学校的生产教学实践中，例如作为项目的维修工作应记入维修保养记录，作为项目的工具制作、软件开发可应用到生产部门或日常生活和学习中。

同所有教学方法一样，项目教学法与其他教学方法的使用不是截然分开的，在教学过程中会穿插一些其他方法，如讲解法和四阶段教学法等（见图 6-8）。

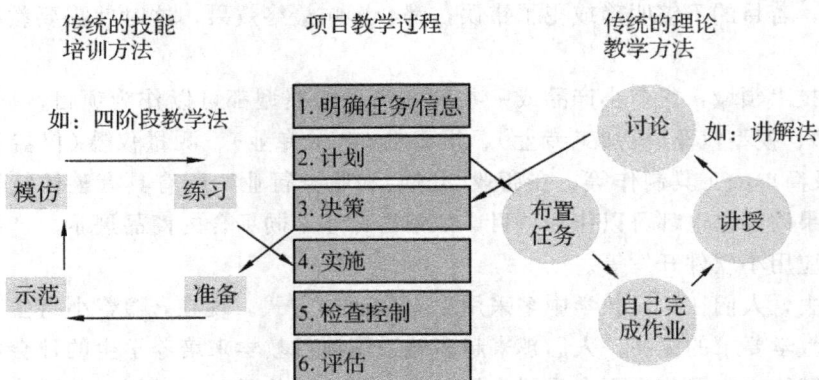

图 6-8　几种教学方法的交叉使用

　　项目教学的关键，是设计和制订一个项目工作任务。在职业教育的每个阶段（如基础教育和专业化培训等）都可设计一系列相互联系的项目。但初次学习的操作技能或新知识学习不适合采用项目教学。

● 引导课文教学法

1. 引导课文教学法的概念和特点

概念引导课文教学法，是借助一种专门教学文件即引导课文（常以引导问题形式出现），通过工作计划和自行控制工作过程等手段，引导学生独立学习和工作的项目教学方法。引导课文的任务是建立起项目工作和它所需要的知识、技能之间的关系，让学生清楚完成任务应该通晓什么知识、应该具备哪些技能等。计算机软件的学习指南就是最常见的引导课文的例子。

引导课文教学法是项目教学法的发展和完善，其主要特点是：

➢ 学生按照引导问题，通过自我开发和研究式学习，掌握解决实际问题所需的知识技能，从书本抽象描述中构建自己的知识体系，实现理论与实践学习的统一。

➢ 技术工人要想独立应付工作中的复杂问题，仅靠书本知识和基本技能是不够的，还应当具备独立解决复杂问题的能力和一定实践经验。引导课文教学中，学生从技术材料（如专业手册和设备说明）中独立获取和加工专业信息，从而获得解决新的、未知问题的能力。

➢ 快速变化的市场要求员工能够快速适应技术的更新和新产品的开发。而现代企业一些涉及产品的重大决策是在生产过程而不仅仅是在产品设计过程中做出的。这要求员工有更强的计划和决策等关键能力。引导课文法可以系统培养这些能力。

➢ 与传统传授式教学相比，引导课文法花费时间较多，但学习效果有显著改善。在传统教学中，学生往往不知道学习内容在实际工作中有什么作用，引导课文法可以很好地解决这一问题，从而调动学生的学习积极性。

2. 引导课文的构成

引导课文的形式，决定着教学的组织形式、教学媒体和教材等。不同职业领域、不同专业所采用的引导课文也不尽相同。一般的，引导课文由以下几部分构成：

➢ 任务描述：多数情况下，任务描述是一个项目的工作任务书，可用文字，也可以以图表形式表达；

➢ 引导问题：引导课文常以问题形式出现，按照这些问题，学生可以设想出最终工作成果和完成工作的全过程，能够获取必要的信息、制订工作计划并实施；

➤ 学习目的描述：学生应知道在怎样的情况下就是达到目标了；

➤ 学习质量监控单：帮助学生避免工作的盲目性，并保证质量；

➤ 工作计划（内容和时间）；

➤ 工具与材料需求表；

➤ 专业信息：为更好地促进学生学习能力发展，最好不提供现成的信息，而只提供获取信息的渠道；信息主要来源为专业杂志、文献、技术资料、劳动安全规程、操作说明书等；

➤ 辅导性说明：即在专业文献中找不到的有关具体工作过程、质量要求等企业内部经验的说明。

3. 引导课文教学法的实施

传统教学方法对培养关键能力如获取信息、独立制订计划等少有作为，而引导课文教学法是一种近乎理想化的、全面、系统的能力培养法。引导课文法的教学过程分为 6 个阶段，即：

➤ 获取信息（回答引导问题）；

➤ 制订计划（常为书面工作计划）；

➤ 做出决定（与教师讨论工作计划和引导问题的答案）；

➤ 实施计划（完成工作任务）；

➤ 检查（根据质量监控单进行工作过程或产品质量控制）；

➤ 评定（讨论质量检查结果和将来如何改进不足之处）。

在传统以示范——模仿为核心的教学中，理论和实践信息传递一般在教学起始阶段进行，信息由教师直接给出，学生的行动范围受到教师的限制。在引导课文教学中，培养学生的独立工作能力是教学的出发点和重要目标，因此，教师的行动应局限在教学的准备和收尾阶段，而不是在教学过程中。学生行动应是（尽量）独立的。

引导课文举例：垃圾箱的设计与制作（节选）

三、制定设计方案

16. 通过多种渠道收集有关垃圾箱的信息，并将所收集到的信息按照材料、用途、成本和公众接受程度等指标进行归类。

17. 对不同的获取信息的渠道作一评价。

18. 依据全部收集信息和调查的结果，提出你对垃圾箱的基本设计构思。

19. 交流设计思想。由设想接近的同学组成设计小组，每小组制订一个共同的设计计划，记录和展示小组成员讨论统一后的设计思路。

20. 小组成员通过讨论确定本小组设计的垃圾箱各项性能要求，如功能、尺寸、造型、安全性、防水和使用的便捷性等，写出设计说明书。

21. 写出设计的可行性评价书，评价指标不少于 10 个，如设计制作所需要的知识技能、时间、经费、现有设备材料、材料的环保特性等。

22. 绘制垃圾箱制作蓝图。

四、制作垃圾箱（或模型）

23. 选择合适的材料，并说明理由。

24. 选择合适加工制作工艺，并说明理由。

25. 制订工作计划，并得到老师的确认。以下内容仅是制订计划的引导问题，同学们可以展开更丰富的想象。

　　——现有资料、制作条件和制作规范（如设计草图、总装图、材料单等）；

　　——零件或组件的功能要求；

　　——制作工艺与操作程序；

　　——小组成员的分工情况、工作任务和时间要求；

　　——质量指标要求（如尺寸、形状、表面特性等）。

26. 按照计划制造垃圾箱。

27. 制作过程中有困难或问题设计要适当调整，请做好有关记录。

五、产品评价与方案优化

28. 各小组分别制定一个垃圾箱设计制造评价标准，讨论后形成全班的标准。

● 角色扮演法

1. 角色与角色扮演

我们每个人都在扮演着不同的角色，包括家庭、社会和职业角色。在职业教育培训领域引入角色扮演法，可帮助学生体验未来职业岗位的情感、感悟职业角色的内涵。角色扮演教学法，是指让学生作为参与者（演员）或观察者，一起投身到一个真实的问题情境之中，通过行动学习，学习和体会处理实际问题的方法，了解不同方法造成的不同后果。教师在此承担"导演"的任务。

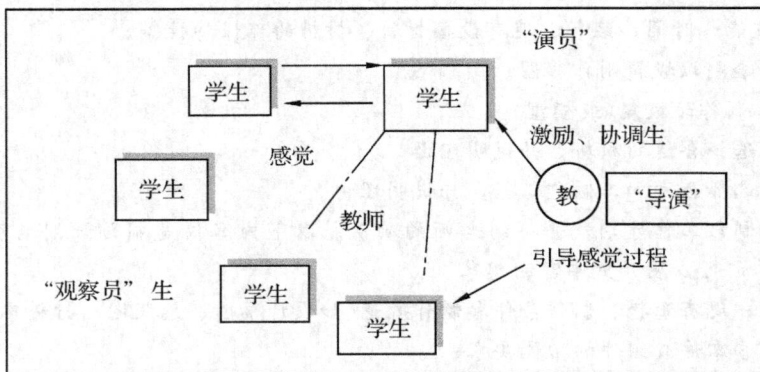

图 6-9　角色扮演法图示

采用角色扮演法学习的内容既可以针对一般性的社会问题，也可以针对专门的职业性问题。典型的一般社会性问题如人际冲突（揭示人与人之间冲突）、群际关系（群体间冲突的谈判、协商、妥协）、个人两难问题、历史或当代现实议题；典型的职业性问题如处理商业纠纷、服务接待等。

2. 角色扮演的程序

角色扮演法学习过程的一般工作程序为：

➤ 使小组活跃起来。大家共同确定课题或教师提出问题，明确解决问题的目标和角色扮演的过程。

➤ 挑选参与者（即"演员"）。挑选演员并进行角色分析。

➤ 布置情境。确定演员的行动过程，再次说明角色，保持气氛轻松，确保深入到问题实质中去。

➤ 培训观察员。指定观察任务，决定要注意观察哪些方面，作好分工，制定观察记录表。

➤ 表演。进行角色扮演，作好记录，可采用录像的方式。

➤ 讨论与评价。大家共同回顾表演过程（包括事实、不同观点和体会），讨论各种反馈意见（态度、表情等），讨论主要焦点。

➤ 共享经验并进行总结。把问题情境与现实、经验与当前问题联系起来，观察者提供评价结果报告，探索解决问题的一般原则。

表演结束后，应让表演者与观察者各自简述自己的感受，教师帮助给予归纳，深化表演效果的正效应。在演出和观察过程中要注意：

➤ 表演观察要在良好的气氛中开始，能充分把角色表演出来；

➤ 仔细观察"演员"说了什么？是否具有该角色的相应知识技能以及基本经验？

➤ 表演过程条理是否清晰？应结合专业教学内容，对体态语言、脸部表情、语言表达等诸方面进行综合观察。

选择角色扮演的课题时应注意，尽量避免选用有可能对学生产生负面影响的内容和情境。表演结束后，要及时引导学生退出角色，特别是在进行冲突性游戏之后，保证参加表演的各方不要指责对方。引导观察员与演员进入角色是教师重要的任务。

3. 角色扮演的选题和种类

角色扮演的内容包括模拟性游戏、冲突性游戏、决策性游戏、角色型游戏和幻想型游戏。以下为几个实例：

➤ 哑剧：提出一个主题或一个情境，要求学生不用言语而用表情和动作表演出来。例如，让学生表演饭店前台与客人见面的情景，表演赞美别人或者讨厌别人等情景。这种方法可以促进学生非言语沟通能力的发展。

➤ 空椅子游戏：学生 A 与他人 B 发生了冲突，A 坐在一把椅子上，另一把椅子坐着 B。等 A 学生说出了自己的想法和感受后，换到另一把椅子上，扮演 B 来回答原来自己提出的问题。关键时刻与假想对象进行对话，可以学习理解他人的需求与情感。这种方法适合在商业和服务专业培养学生处理投诉等复杂问题。

➤ 角色互换：与上一类似，只是演员为两个人或多人。例如，可以让一个学生扮演失败者，一个学生扮演帮助者。两人对话一段时间后，互换椅子和角色。

➤ 改变自我：某学生扮演自己某种行为改变前后的情况。例如，某学生学习没有主动性，存在纪律问题，让他扮演自己发生了改变后的情景。

➤ 鹦鹉学舌：两个学生一起表演，一个是有问题的学生，一个是助理演员。

有问题的学生表演什么，助理演员就重复表演什么。这种方法有助于分析现实情况，帮助有问题的学生认识自己。本方法适用于模拟购物、模拟办公室等多种职业的培训。

➤ 魔术商店：教师扮演店主，店里出售各种东西，如理想、健康、幸福、财富和成功等。学生扮演买主，说出自己想要的东西及原因。然后教师问学生愿意拿什么来交换。这样可以了解学生的需求和价值观，帮助学生树立正确的价值观和人生观。

深入阅读

苏州市劳动和社会保障局．行为引导型教学操作实务［M］．苏州．2003

● 现代工作岗位培训法

在现代职业教育与培训中，岗位培训有着不可替代的作用，因为：1. 现代企业普遍推广团队工作方式，在弱化岗位职能的同时，要求员工对整个工作过程有更深入的了解。而工作过程知识的获取，必须通过案例性的岗位培训实现。2. 工作岗位学习和获取信息的机会，是推行现代质量保证体系（如 ISO9000 标准）的基础。3. 岗位培训可减少所学知识技能的迁移性困难。4. 与学校教育的"人工环境"相比，岗位培训的"自然环境"更能有效促进学生社会能力和组织管理等关键能力的发展。

在职业教育中，岗位培训可以通过两个途径来实现，一是学校或培训中心的学习环境设计更加符合生产和工作的需要；二是使工作岗位具备培训潜力，通过合适的教学方案使在岗学习（learning on the job）成为可能。因此，必须对岗位工作与学习的范围、内容、方式方法及其在职业能力发展中的作用进行分析和研究。有学习价值的工作岗位，即学习型岗位，表现在不同的学习方法和工作形式上，前者如教练（coaching）、学习岛和质量小组等，后者如轮岗、小组作业和网络化工作等。企业岗位任务确定取决于企业的客观要求，而职业能力只有在以人为本的职业环境中才能获得发展，因此创建学习型的工作岗位及其学习环境，必须首要解决好这对矛盾。

分散式培训是 20 世纪后期发展起来的企业培训理念，指将工作过程和学习行动结合在一起的企业培训形式，学员单独或以团队形式在工作岗位或工作岗位附近完成学习任务。在此，与实际生产相联系，不再是培训的补充，而是培训的必要条件和基本内容。以下是几种分散式培训的重要形式：

1. 质量小组与学习车间

质量小组（quality circle）是旨在提高生产力和产品质量的学习方案，指 3～10 个同事组成的工作小组，定期短暂聚集在一起，讨论特定的或现实的题目、问题以及工作任务，如改进生产技术和工作环境等，提出解决办法并通报给有关部门。小组会一般由受过专门培训的普通员工主持，小组成员有一定的稳定性。这样，普通员工在生产过程中就不仅仅是一个实施者，而且也可从计划和控制的角度来看待企业的问题，成为企业的主人翁。

质量小组的学习或发展任务直接针对企业生产过程，其学习结果也针对生产过程的需求。必要时，可以邀请企业的技术专家和管理人员来解释专门的问题，以填补某些方面的知识空白，但一般不举办系统化的讲座或培训班。

表 6-8   质量小组的组成

参与者	人　数	主要功能
核心成员	3～4	计划，按照"企业愿望"实施和控制小组的行动
主持人	1	召集、主持和帮助小组行动
质量小组长	1	领导小组工作，确认结果，搜集有关信息
小组成员	8～10	讨论问题，开发解决方案，提出建议，向上级提交报告

"学习车间"（Lernstatt）就是可供学习的车间，目的是促进（基础较弱的）职工针对岗位需求的自我学习。这里，职工就共同的问题（如产品质量、材料、工艺设计和组织管理等）组成有一定期限的小组，在工作时间定期、自愿的在工作岗位附近的房间里碰面，讨论解决或提高方案。按照学习车间模式，企业总部通常设有一个由企业教育专家领导的"学习车间总部"（通常由人力资源部负责），来设计、协调和监督各专业部门学习车间。各学习车间的学习主持人一般不是培训专家，而是专业人员。小组成员中一般没有直接上下级关系。学习车间的生命周期与具体的问题相同，即问题解决后，车间随即解散。如果出现新的问题，则成立新的学习车间。

质量小组和学习车间都是以提高产品质量和加强岗位学习为目的的企业内小组行动，它们有以下共同特征：

➤ 职工自愿参加，小组成员人数有一定限制；

➤ 只讨论处理小组成员能力和权限范围内的具体工作问题；

➤ 小组成员来自同一专业工作领域，可对讨论的问题做出最终决策，必要时也可以外请专家；

➤ 作为主持人的小组长，既可以是小组成员的部门领导人，也可以是班组长或有经验的普通员工，他们需要团队工作、解决冲突等方面的专门培训；

➤ 小组行动使用张贴板等现代工作和研讨媒体。

2. 学习岛

人们从整个生产过程中找出或专门设计一些特定的生产步骤，将其分离并建成专门学习岗位。由于这些学习岗位处于大量的生产岗位"海洋"的包围之中，因此称为"学习岛"。学习岛是在工作岗位附近设置学习岗位的一种分散式培训方案。学员在教师的指导下，采用独立或小组方式，独立制订计划、完成任务并进行质量控制。多个学习岛可交织成为一个学习网络。

按照学习岛方案，学习并非发生在生产工作岗位上，而是处于生产区域内部的独立的"岛"上。学习岛的设备和学习内容与岛周围的生产岗位高度协调，没有通常学校或培训车间中的多种特殊条件。因此，学习岛最大的特点是在学习和生产工作行动分离的情况下,将学习场所与工作环境整合起来。在理想条件下,学习岛的劳动组织方式和功能划分应与实际生产过程中的相同。学习岛的特点是:

➢ 同专业或工种的学员共同生产一个产品或维护一套设备,减弱了个人原有的职业"功能",将直接功能(生产)与间接功能(计划、控制、生产、检验和经济核算)联系在一起。

➢ 学员在高度独立和自我管理的条件下学习。教师不是提供问题解决方案,而是生产过程和员工能力发展的主持人。

➢ 将生产环境扩展成为学习环境,为学员提供对生产任务、企业的社会过程和整个企业文化环境进行反思的机会。

因此,学习岛是按照扁平化管理模式发展建立的现代"整体平行思维"以及新的学习工作一体化模式,是多种教育培训形式和学习场地的综合。

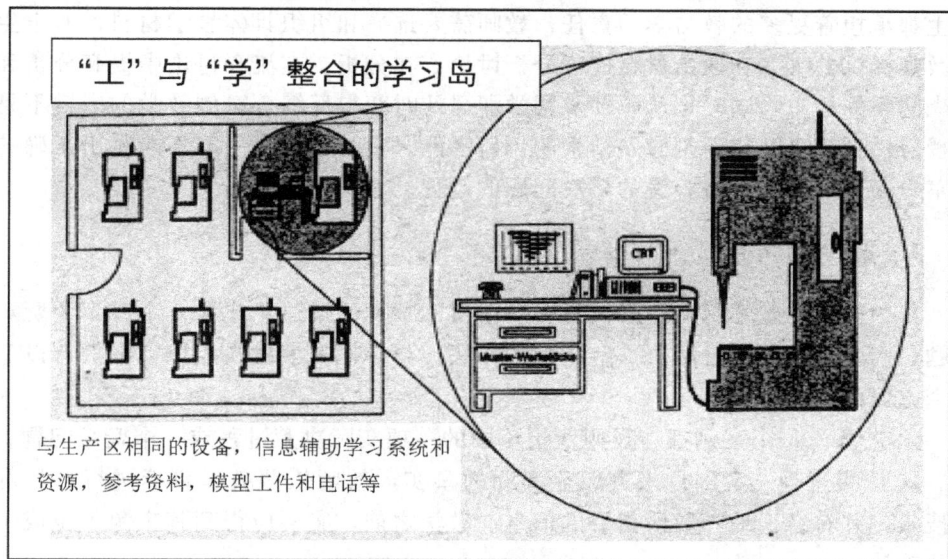

图 6-10 学习岛

除岗位的具体要求外,岗位学习环境还与很多因素有关,如行业特点、企业规模、生产组织形式以及从业者资格要求等,因此,我们必须有意识地去开发和设计学习环境。这里的"开发"指寻找和确定可以作为学习条件的工作岗位和相关的设施设备;"设计"是在企业内部有目的地创建学习型的工作组织结构。

● 案例教学法

案例教学"是让学习者从选择出来的有限的例子中，主动获得一般的、可被广泛概括的知识、技能和态度，让他们获得本质的、结构性的、原则性的、典型的东西以及规律性、跨学科的关系"（W. Klafki）。案例教学让学习者在特定的情境中体验分析和决策过程，从而获得基本的解决问题的经验。在此基础上，学习者能够理解并解决一些结构相同或类似的问题。

案例教学是引导学生针对特殊情境进行讨论分析的教学方法。这里，教师与学生都承担着更多的教与学的责任：教师需要选择和组织具体教学材料，而学生对教师提供的事实和原始材料进行分析讨论，在分析、交流和讨论中提高分析和解决问题的能力，同时也从教师及同学那里及时获得反馈。案例教学的宗旨不是传授"最终"的真理，而是激发学生的创造潜能。它甚至不在乎能不能得出正确的答案，而更加重视获得答案的解决问题的过程。

1. 案例的特点

作为教学的基本材料，案例是对一个实际情境的描述，包含一个或多个疑难问题，同时也可能包含解决这些问题的方法。与其他教学材料相比，案例有以下五个方面的特点：

➢ 来源。每个案例都涉及职业情境中的一项实际决策过程或一个疑难问题。

➢ 搜集过程。案例是来自职业实际的事实，教师依照教学目标进行有目的的搜集，并有意识地择取所需要的信息。教学之前，案例应得到其来源单位或个人的确认。

➢ 内容。案例内容因不同教学目标而大相径庭，但大体都包括一项决定或决策。关于案例的长与短或宽泛与具体，没有明确的界限。但案例应有足够的信息含量，让学生认识到所涉及的复杂组织关系、专业知识、情境和人员。

➢ 教学测评。测评是案例教学的一大难题，也是其区别于其他教学方法的一大特色。一般最终测评根据学生对案例所涉及的决策方法、解决问题途径等的运用，不以卷面测试为唯一形式，而是包含个人准备情况以及讨论参与程度等因素。

➢ 时代性。每个案例都应关注当今所面临的疑难问题。支撑案例的管理模式、决策方法或原理可以是一般性的理论，但案例的事实材料应具有时代性。

2. 案例教学的方法与步骤

案例教学经常不只是一堂课，常常持续较长时间，需根据具体案例的结构而分步分阶段进行。其阶段和步骤如表6-9所述：

表 6-9　案例教学的方法与步骤

序号	阶段名称	教学步骤	教学方式
1	了解案例	介绍案例，分析案例的事实，讨论存在的问题和可能的解决方法	描述和深入了解问题 确定目的和主导问题
2	个人思考	学员在已有知识基础上，通过个人推断思考解决问题的答案	思考和规划解决问题的方式方法
3	小组研讨	设计解决问题的方案，收集和整理材料	有目的地使用材料
4	作出决定	选择决定并说明其理由	主观的、合作式地和有根据地解决问题
5	班级或大组讨论	全班或在较大范围内报告和讨论所作的决定	在整个环境中，评价和总结问题答案
6	评价检查	结合实际比较各种答案，有可能的话提出新的问题	反思和迁移

案例教学常采用小组方式，作为主持人的教师应注意以下几个原则：掌握讨论和分析的主流方向，不偏离主题；学生应有机会各抒己见，充分阐述自己的观点，但不批驳别人；指导学生学会吸取别人的意见和建议，丰富完善和提升自己；意识到结论是次要的，并不一定非要有明确的答案，更重要的是解决问题的过程。

3. 案例的选择与设计

选择作为案例教学的内容一般应遵循以下原则：

➢ 案例没有特定的形式，可以是新闻事件、对话或采访资料、文章、信件和账单等，一般没有特定和明确的答案，但要有一定的专业背景；

➢ 案例来自实际工作情境或是学生熟悉的例子；

➢ 提供的资料与被分析的案例有直接关系，案例必须与教学目标相匹配；

➢ 学生能从所提供的资料中获取解决问题所需要的信息；

➢ 能够让学生展示决策过程、陈述决策理由并展示结果。

另外，设计案例还应考虑学生的现状，特别是学生现有学习能力和经验。以下四条标准可以帮助我们检查案例设计的质量：

➢ 代表性：A. 案例是否具有代表性？B. 案例是否具有实际意义？C. 案例的行动过程是否涉及人的决策活动？

➢ 科学性：A. 案例发生的事实是否符合一般科学规律？B. 是否准确描述了案例中的专业内容？C. 案例反映的题材是否具有重要的科学意义？

➢ 主观意义：A. 案例是否具有重要的政治、社会和伦理价值？B. 案例是否对学生目前或将来工作或生活有实际意义？C. 案例能否帮助学生建立对特定角色的认识？

➢ 可理解性：A. 是否对事件中的复杂关系进行了适当的简化？B. 学生是否会对案例的内容感兴趣？C. 案例中的冲突或矛盾是否明显？

案例教学法的优点主要是：

➢ 能够实现教学相长。一方面，教师是教学的主导者，掌握着教学的进程，引导学生思考、组织讨论，进行总结和归纳；另一方面，教师在教学中通过研讨，不但可以发现自己的弱点，而且可以从学生那里得到大量其他材料。

➢ 生动具体、直观易学。由于教学内容是具体的实例，加之采用形象、直观、生动的形式呈现，易于学习和理解。

➢ 能够集思广益。教师在课堂上不是"独唱"，而是和大家一起讨论思考，学生在课堂上也不只是记笔记，而是共同探讨问题。由于调动了集体的智慧和力量，容易开阔思路，收到较好的效果。

案例教学法的困难主要是案例来源的困难。研究和开发一个好的案例，常常需要两三个月的时间。编写有效的案例还需要教师有丰富的经验，实践中的案例有时并不适合现实的需要。这些都是阻碍案例法推广的一个主要原因。此外，案例教学需要较多的时间，对教师和学员的要求也比较高。

专题七　质量监控

● 质量监控与评价（M&E）

　　按照现代质量管理理念，一个组织（如职业学校）对工作质量进行控制和管理的实质，就是发展自己的监控和评价能力，这常常是开发一套包括概念、方法和发展战略在内的工具并实施的过程，即"确定做得怎样""发现错在哪里"和"知道怎样修正"的过程。

　　质量监控与评价（Monitoring & Evaluation，M&E）体系是"能够向管理人员连续反馈一个组织或项目运行状况的信息，识别获得成功的潜能，尽早发现问题以保证及时调整的工具"。完整的M&E体系包括"监测""评估""成本与效益评估"和"效果评估"四个部分。

　　对于职业教育机构来说，M&E是一个涉及整个机构和所有教职员工利益的长期而持续的变化过程，是一个为所有涉及者和参与者（如家长、老师、学生、学校、企业和社会等）都带来好处的、能持续提高学校教育教学质量和工作效率，不断改善教职员工的工作和生活质量的现代化管理手段。

　　一般的，监控主要是由组织的内部人员进行，而评价工作则多由外部专家承担。监控与评价的区别表现在操作主体、数据处理方式、工作频率和工作目标等方面，二者相辅相成。监测提供初步资料，评价使用监控所获得的资料并真正赋予其价值。没有监测，就没有需要或能够处理的原始资料，也就失去了评价的基础。监测和评价的优缺点比较见表7-1：

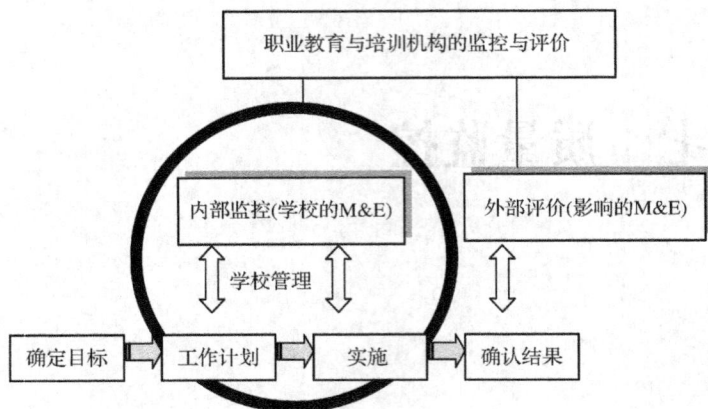

图 7-1　职业教育机构的质量监控与评价

表 7-1　监测和评价的优缺点比较

	优　点	缺　点
内部监控	行动迅速，投入少 评价者通常具有较高的专业知识 评价结果能直接得以利用 内部评价可以建立一个持续的信息管理系统	大多数评价者不具备必要的评价技术 评价者可能容易受到内部的限制 评价者看待问题往往有个人的局限性
外部评价	外部评价员具有相对的独立性 评价者具有专业化的评价知识和较强的评价能力 评价者有较强的专业能力 外部评价会给教育培训机构带来变革动力和影响，这是革新的必须因素	外部评价可能会给被评价者带来恐惧，引发抗拒行为 评价结果落实有可能出现问题

　　质量监控与评估体系对于高质高效的职业教育体系具有重要的意义。监测与评估的对象包括整个教育体系、教育培训机构、教师和学生等方方面面。尽管在内容和操作层面有很大差异，但评估一般总是按照以下程序进行：

➢ 确定评估内容和评估标准；

➢ 设计评估工具；

➢ 收集和分析数据与证据；

➢ 明确改进要点并指定改进计划。

　　监控与评估工作的关键是客观而全面地判定监控与评估对象的实际情况。在职业教育实践中，监控与评价的对象常常是新开发的课程、新的教学方法和管理模式等，例如对使用新教学媒体后设计效果和实际效果的比较、采用新教学法后或教师接受进修以后学生学习成绩的变化等，目的是通过系统的监控与评价手段，保证学校工作达到预期的效果。

职业院校工作质量监控与评价过程表现为一个典型的螺旋循环向上发展模式。如教学活动是按课程计划所规定的教学目标来确定。经过一段工作实践后，对现状进行分析，并与给出的目标进行比较（即评价）。当人们再回到原出发点时，已经有了一个有所改进的课程计划，当然这是在一个更高的起点上。

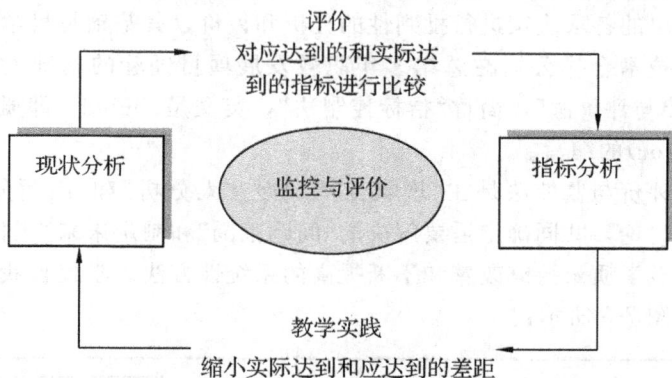

图 7-2 监控与评价的作用

当前国际职业教育与培训的质量监控与评估呈现出了以下发展趋势：（1）监控与评估的对象从"投入"转向"产出"；（2）与教育有关各方的参与者都有机会系统并长期从事这工作；（3）监控与评估的目标演变为"持续改良"，即提高教育体系的标准化程度和效率。

在现代职业教育中，监控与评估既可以针对整个机构的本身（如 ISO9000 证书认证就是典型例子），也可以针对学校的某一个具体的工作或发展项目，如课程开发、合作办学等进行。学校日常工作和项目的监控与评估是有区别的，这是由项目工作和学校日常工作本身的区别造成的。

从理论上讲，监控与评估是一个强大而有效的管理工具，但将其付诸实施并非易事，这主要是因为它投入较高、耗时较多和技术复杂。因此，合理可行的监控与评估系统，必须按照简单的模式设计，遵循阶梯渐进和连续发展原则，按照组织学习的规律，让机构或项目的所有人员都能在工作岗位上得到培训和提高，不断发现问题并加以解决。

深入阅读

赵志群．职业教育与培训学习新概念［M］．北京：科学出版社，2003

● 学校自我监控与评价法

学校要想对自己各项工作进行科学的规划，在保证享有充分自主权的同时，必须对自己做出的各项决策进行批判性的分析和评价，其基础是科学的分析与评价方法。德国技术合作公司在总结多年职教发展项目经验的基础上，开发出了"学校质量监控与评价法"，简称"指标控制法"，英文是 Quind，即质量（quality）和指标（indicator）的缩写。

学校自我评价与监控法是在"现状分析""涉及人分析"和"问题分析"的基础上，通过大家讨论，共同确定需要解决的"问题范围"和制定未来"工作目标"，以保证学校教育教学质量持续改善和不断提高的系统性方法。学校自我评价与监控法的工作流程图 7-3 所示：

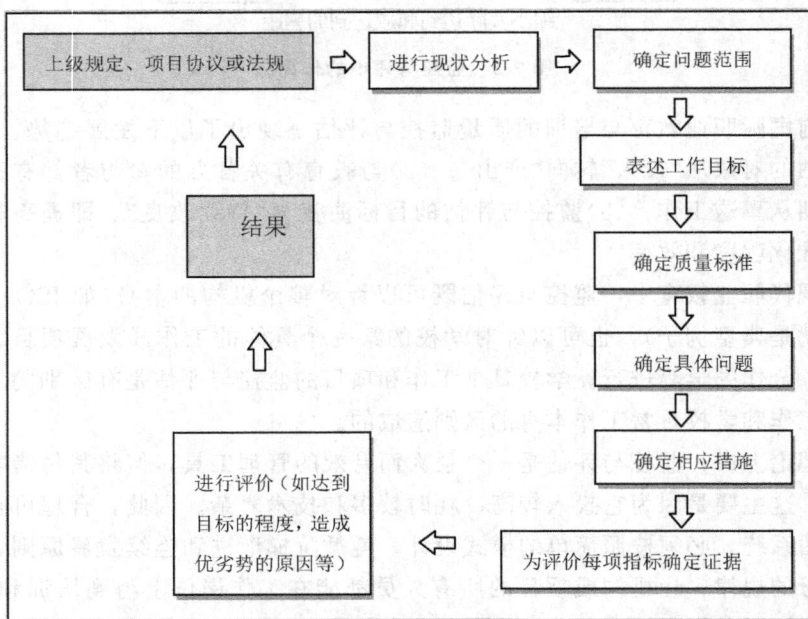

图 7-3　学校质量管理的自我评价与监控法的流程

1. 现状分析

指标控制法特别适合学校在未来发展、课程开发和教学过程中进行自我监控和评价。这种方法运用的前提是必须首先做一个现状分析，分析学校目前的组织和资源状况以及存在的潜力和缺陷。这项工作和下述指标控制法所涉及的所有工作，都要在专门的主持人主持下进行。

2. 人员分析

为明确学校现有问题的实质并确定要达到的工作目标，必须对学校或项目工作所涉及的全体人员进行分析。涉及人员分为"主体人员""协助人员"和"目标人员"。所有单位、利益团体或个人都要把自己在完成预定任务所涉及的任务、资源、优劣势以及利益和担忧等描述出来（参见本专题第四节 SWOT 法），以便更好协调各方关系。

3. 问题范围

当需解决的问题过于复杂时，可将其划分成若干个小范围，并对此进行定义和归类，以便全面、有序和高效地处理问题。

4. 工作目标

以书面形式表述出解决特定问题应达到的所有目标。确定工作目标时必须考虑所有涉及者的意见，要广泛征求各方意见。

5. 质量指标

每一个工作目标至少要有一个可以检验的质量指标。检验指标是"对目标达到的状况所做的概述"，它能对一套目标提供量和质的详细信息，显示达到目标的程度。作为评价手段，指标是理论推导出的测量事物的计量单位。它尺度透明，界限分明，可以帮助人们对教育现状和目标之间作比较，是学校提供教育服务以及保证每个工作阶段质量的重要手段。

6. 检验证据

为判定在一定时间间隔后是否达到了所确定的工作目标，必须为每个指标制定一些检验证据。证据的数量不宜过多，否则会在统计数据处理时遇到麻烦。检验证据不但记录了达到目标的程度，而且也是新一轮现状分析的直接组成部分。

7. 措施

即实现工作目标应采取的"措施"。这些措施必须具有针对性，而且与前面问题分析的结果相符合。应在多种可行措施中确定出最合适的措施，并确定采取这些措施的负责人。同时，应为保证实施计划的措施留有足够时间。

8. 评价

针对验证指标，将获得的检验证据与先前指定的工作目标做比较，确认在多大程度上达到了工作目标。用证据来验证指标、针对具体工作目标评价所获得的数据，是学校改革与持续发展的基础。

在教育培训实践中，利用指标控制法进行教育培训质量的监控与评价工作的重点体现在两个阶段，一是确定可行的"质量指标"及其相应的"检验证据"；二是确定应当采取的"措施"。

所有的学校监控与评价方法（包括指标控制法）的实施都需要时间和经费上的保证，特别是在开始引进时。这是一项费时费力的工作，而其实施效果一般要在几年之后才能看出，因此必须有足够的耐心才能从中获得利益。

案例：中德唐山农村职教项目按照 Quind 法建立的质量保证体系（节选）

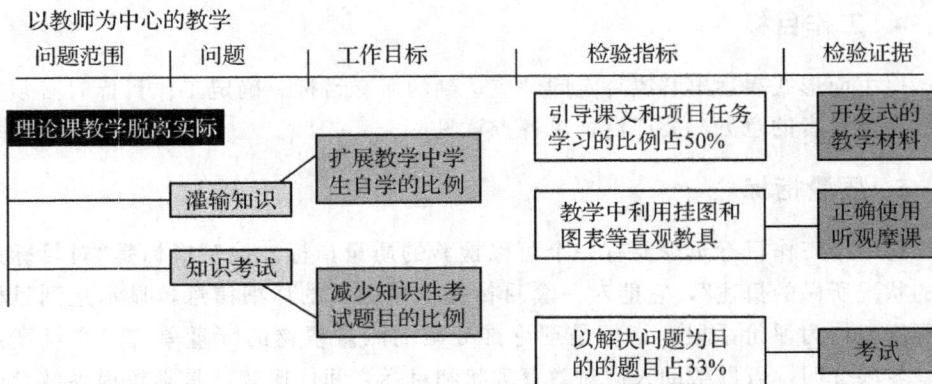

以教师为中心的教学

问题范围	问题	工作目标	检验指标	检验证据
理论课教学脱离实际	灌输知识	扩展教学中学生自学的比例	引导课文和项目任务学习的比例占50%	开发式的教学材料
			教学中利用挂图和图表等直观教具	正确使用听观摩课
	知识考试	减少知识性考试题目的比例	以解决问题为目的的题目占33%	考试

实现"促进理论教学联系实际"目标的措施：

－教师开发案例性的引导课文和教学和辅助材料；

－案例性的考试题目；

－开放性试题答案的评比。

深入阅读

中德唐山农村职业教育项目．职业教育质量监控与评估——中德合作唐山方案[M]．石家庄：河北人民出版社，2004

职业教育培训机构的评价

1. 基本概念

职业教育培训机构评价是由评价专家根据特定的指标，系统分析一个教育培训机构的教学和相关工作的价值和效益。在此，需要根据特定的标准对有关文件、活动、课程和工作过程等相关数据进行系统化的收集和分析，以便帮助这些机构做出进一步决定。评价不仅是结果监控，而且还是对教学过程的发展和优化。评价的特点是：

➢ 除教学工作外，评价的对象还包括教育培训机构的组织结构、教职工及企业和家长的满意度、资源利用率和校企合作状况等；

➢ 评价专家可来自各个级别的组织机构，如教育、培训、具有实践经验的企业和行业管理部门、了解实证性科研方法的专业人员及社会活动家等；

➢ 自我评价的指标体系应当由学校的内部人员协商制定，它应精确表述，并与学校的重点工作一致；

➢ 评价之前必须对收集、处理和分析数据的方法进行周密计划，以解决数据保密、时间安排和多方协调等问题。

评价过程就是回答 6 个 W 问题的过程：即谁来评价？评价什么？为什么评价？怎样评价？何时评价以及在哪里评价？布卡德（Burkard）设计了一个评价钟，以用来具体描述这一实施过程（见图 7-4）。

2. 评估的类型与内容

学校评价分为内部评价和外部评价。按照评价对象在工作流程中的顺序，如前期和后期，可分成对"投入""过程"和"产出"的质量的评价。目前，人们越来越重视产出质量的重要性，见表 7-2：

修改教学或工作计划

为什么要进行评价?
要达到什么目的?

0. 目标（教学与工作计划、法规等）

11. 决定发展阶段，制订实施计划

1. 定义评价的目标与用途

工作的成果是什么?

谁来进行评价?
谁参加?怎样评价数据?

10. 预测，评价结果，确定采取措施

2. 确定评价领域，开发评价方法

9. 校内研讨会分析各方数据（数据反馈）

3. 解释成功指标和评价指标

8. 处理数据并进行"技术"评价

4. 讨论和选择具体的评价问题

7. 获取数据或评价现有数据

5. 确定选择的数据种类及其来源

现有哪些信息和已有成果?

6. 选择收集数据的方法，开发工具

用什么衡量成果?
有哪些评价?

评价什么?为此我们必须了解

谁需要占有什么信息?

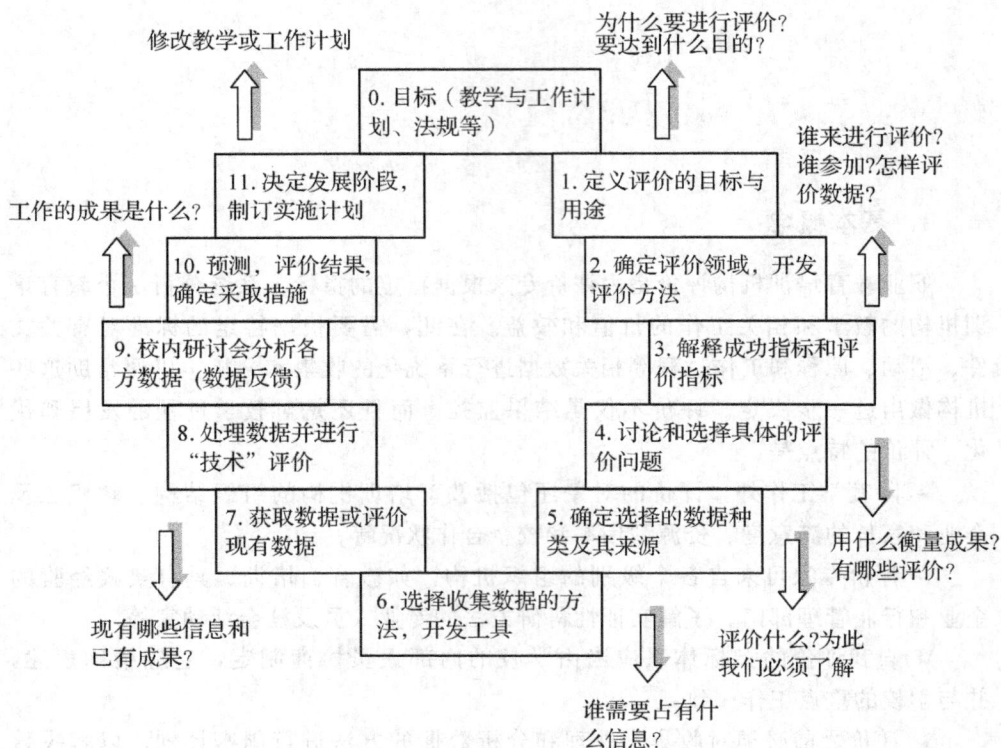

图 7-4　布卡德"评价钟"

表 7-2　投入、过程及产出三步骤的质量评价内容

投入的质量	过程质量	产出质量
设备条件：设备的配备、价值和状况 师资条件：年龄、性别、文化基础和专业能力 组织与管理条件：教学和培训计划的系统性和时效性，教学特色和创新能力 学生条件：性别，年龄，家庭条件等 学校环境：规模，所属区域，任务，师生比	缺勤 专业和课程设置 专业转换 教学学习方式 小组活动 项目教学 典型实验 考试成绩	考试成绩指标 培训结束后的就业率 与所学专业相关就业率 适应期 收入 学习内容的适用性
	辍学率，休学者 考试分数 家长，学生及教师的满意度	

3. 评价方法举例

对教育培训机构进行评价，是对该机构某一方面情况做实证性的发现研究。因此，评价方法在设计上符合社会实证研究的通行流程。

系统收集信息反馈的方法

信息反馈在学校评价工作中有着重要的意义。与一般信息相比，系统收集的反馈信息强调"参与式"，注重"记录"和"经验总结"。收集和分析数据的方式很多，包括社会实证研究中普遍采用的定性和定量方法，如访谈、书面问卷调查、观察、二次文献分析等。通常采用定性与定量相结合的方法，如第一次毕业生调查时采用邮寄问卷，第二次可采取电话询问。这样即可获得一定量的代表性数据，又可以得到更详细的信息。

教育培训机构的具体评价方法举例

➤ 教师间相互听课：时间 3～6 小时，根据听课情况，借助"教师授课同事间评价表"给出反馈意见。

➤ 学生反馈：如学生以无记名方式填写"对学校工作的评价表"。

➤ 课堂测验：测验有很多优点，但不能反映全部情况。如将学生测验成绩与教师书面评价报告结合，则有助于提高评价效度。有些发达国家已经没有了数字化的成绩单，代之以报告式的成绩单。

➤ 校际互评：若干学校组成网络，每所学校派 2～3 人加入校访小组并进行为期两天考察。校访小组可由校领导、教师、家长、学生、督学及教育研究机构代表组成，在学校逗留一天，进行访谈和观摩。在此基础上提供一份报告，对学校自评结果加以补充。

➤ "影子"观察法：确定一个"关键性人物"作为"影子"参与学校的日常工作，进一步深入观察并给出相应的反馈信息。这种由他人提出客观和善意观点的做法，是克服墨守成规的工作方法以及对学校缺点盲目无知的有效方法。

➤ 视察与检查：上级委托的工作小组定期或不定期对学校进行评价。这种方法需要较多时间和人力投入，在发达国家已很少采用。

➤ 征求满意度。在培训期间和培训结束后，以学生自愿和不记名填写表格形式调查其对学习的满意度。

➤ 大规模标准化测试。利用大规模（也译为大尺度）测评（larg-scale assessment）可以检查学生在某个领域里（如阅读能力、数学、自然科学和公民素养等）的能力。世界著名的大规模标准化测评有 TIMSS、PISA、经济交流开发组织（OECD）的 CIVIC 和职业教育的 COMET 等。

● SWOT 参与式分析法

　　SWOT 分析法是一种产生于法国发展项目的有效的参与式分析工具，目前在项目和经营管理中几乎无处不用。SWOT 分别是英文的优势（Strengths）、劣势（Weaknesses）、机会（Opportunities）和威胁（Threats）的简写。作为一种旨在为将来行动决策提供一个各方都能接受的共同基础的方法，SWOT 分析法广泛应用于对局势、多重条件、机构或项目所做的实证性分析中，适用于复杂的情况和意图。

　　作为一种制订计划的途径，SWOT 分析法能让参与者：

> 表达自己的经验、失望、对未来的期望和恐惧；
> 发挥想象力，提出容易被大家接受的建议；
> 产生共同的利益要求和价值取向；
> 承前启后，发动可行的共同行动。

　　SWOT 分析法的目的是帮助参与者提高总结经验和展望未来的能力，其核心是一个 SWOT 四分窗口图，如图 7-5 所示：

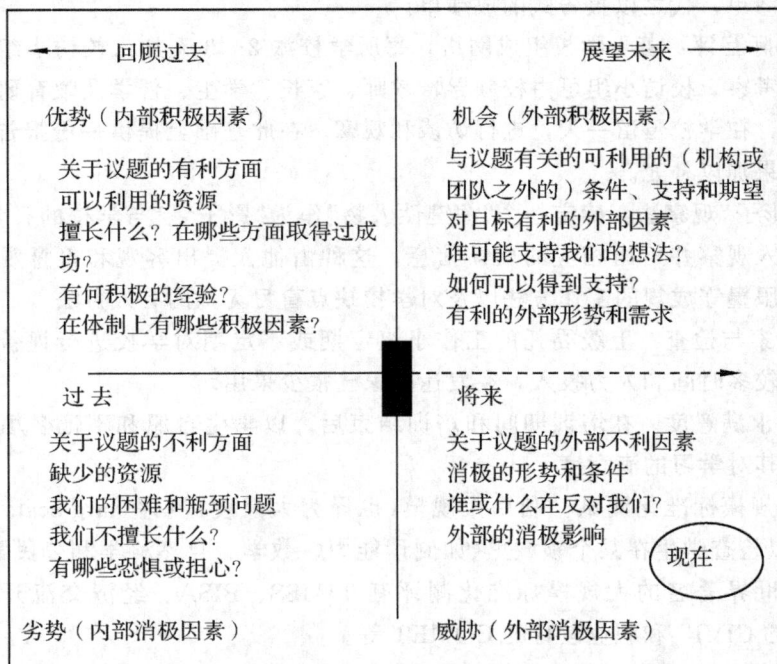

图 7-5　SWOT 四分窗口图

SWOT 四分窗口图的横坐标是时间，参与者根据自己的经历和经验，针对议题，把存在的优势、劣势以及可能存在的机遇和挑战分别写入窗口的 4 个方框内。图形可以画在黑板、白纸或沙地上，其关键是通过图来帮助人们理清思路，和小组达成一致意见。

在现实工作中，人们经常由于过分想当然而无法进行客观而全面的自我评价。尤其是对于涉及多方参与者的工作或项目，进行全面而实事求是的评价更是难上加难。只有采用参与式的工作方法（包括评价方法），才能帮助各方合作伙伴共同陈述问题并学会接受不同的经验、估计和期望，通过讨论得出大家都能接受的结论。因此，SWOT 也是一个交流经验和描绘希望的方法。由于它简单，易于理解，因此特别是在多文化环境中显得非常适用。

杨进曾对中国职业教育改革与发展进行了一个 SWOT 分析，主要内容为：

一、职业教育的"优势"：职业教育体系基本形成，办学规模持续扩大；优化资源配置，形成一批骨干学校；加强专业建设，形成了新的比较完善的专业教学资源；借鉴国外经验，增强自身发展能力。

二、职业教育的"劣势"：管理体制不顺，多头管理，统筹乏力；部分学校办学观念和模式落后；职业院校管理体制僵化，运行机制不适；办学条件较差，专业教师实践能力不够强。

三、外部环境给职业教育带来的"机遇"：政府高度重视职业教育；教育发展政策取向对职业教育发展相当有利；劳动力市场对技能人才有强劲的需求。

四、外部环境给职业教育造成"威胁"：传统社会观念依然存在，对职业教育有认识上的偏差；投入不足，受教育者又难以承担相对较高的费用；行业企业责任弱化，社会力量办学有限；就业准入制度和职业资格证书制度不完善。

在此基础上，作者提出了推进职业教育改革与发展的战略取向。限于篇幅，这里不再赘述。

参考资料

杨进. 论职业教育创新与发展[M]. 北京：高等教育出版社，2004

● 培训效果评价

对培训项目的效果进行评价，其目的是通过对培训前后学员在知识、技能和能力等方面的变化及提高程度的观察和评价，确定培训项目的实际成效。培训效果评价与人的职业活动有直接的关系。教学成功与否，只能放在具体的职业活动中来衡量。因此，培训效果评价必须与实际培训活动和工作活动的逻辑发展顺序吻合。

D. L. Kirkatrick 提出一个四层次评价模式，可以较好地指导培训效果评价的实施，这四个层次是：学员反馈、学习收获、行为变化和工作绩效提高，其关系如图 7-6 所示：

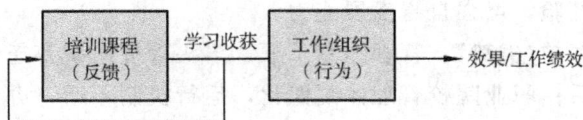

图 7-6　教学评价的四个层次

1. 学员反馈

即学员对培训课程的看法，包括学习内容、老师、设施和教学方法等，主要采用问卷调查或学员代表座谈会等方式。例如，在培训班过程中或一门课结束时，向学生发放满意度调查问卷，主要问题包括：

> ➢ 对课程组织的反映；
> ➢ 对课程设计、教材选择及教学内容的反映；
> ➢ 对教师教学技巧的反映；
> ➢ 是否能在将来工作中用到所学的知识和技能。

问卷调查易于实施。如果设计适当，调查结果也很容易分析和总结。问卷调查的缺点是主观性较强。如果在培训的最后一节课进行，学员的判断容易受到经验丰富的教师或培训机构领导的富有鼓动性的总结影响。

学生的兴趣、受到的激励和对学习的关注对教学过程有重要的意义。如果学生反馈是消极的，应分析判断是课程设计问题还是实施中的问题。这一阶段评价还未真正涉及培训的学习效果，因为学生满意并不一定意味着他们真正学到了有用的东西，即发生了有效的学习。

2. 学习收获

即测量学员对所学原理、事实、技术和技能的掌握程度,并对学习前和学习结束后的测试结果进行比较,确定达到哪个层次的教学目标,同时也是对课程设定的教学目标进行审核。学习测评是最常见、常用的评价方式,评价方法包括笔试、技能操练和工作模拟等。强调对学习结果的评价,有利于增强学员的学习动机。

学习收获测评可以体现教师的工作是否有效,但仍无法确定学生是否能将他们学到的知识技能应用到实际工作中去。

3. 行为变化

学员将培训所学的带回到工作岗位上,由此改变了工作行为,提高了工作效率。因此,第三层次评价应回答的问题是:"在工作中是否使用了新学到的东西?"即确定学员通过学习发生的行为改进的程度。

尽管这一层次评价的数据较难获得,但意义重大。只有学习者真正应用所学后,才达到了培训目的。行为变化评价发生在培训结束后的一段时间,可通过正式测评或非正式方式(如观察)进行,包括学员的主观感觉和自我评价,上级、同事、下属或客户通过对培训前后行为变化的对比等。这要求人力资源部门与专业部门建立良好的关系,以便获得有关员工行为的信息。

企业培训的目的是改变员工的不正确行为或提高他们的绩效,这需要其学员也满足一定的要求,如:

➢ 有提高现有水平的希望;
➢ 能认识到自己的不足;
➢ 有允许其提高行为质量的环境;
➢ 能得到对此感兴趣的、并有一定能力的人的帮助;
➢ 有尝试新想法、新方案的机会。

第三层次的评价只有在学员回到工作中才能实施,因此要求一定的外部条件,如与学员一同工作的督导人员以及相应的环境条件。

4. 绩效提高

第四层面的评价回答"培训对企业产生什么影响"的问题,包括经济和精神上的影响,如产品质量改善、生产效率提高和投诉减少等,即学员行为的改变对组织的绩效,或对其他人员的行为产生的影响。这种改变可通过组织的一些重要数据如生产效率、出勤率、员工流动率、质量或工作气氛等衡量。

准确评价绩效的提高程度是一项非常困难的工作,Kirkatrick 对此提供了一些建议，包括：

> 请学员在培训结束时填写评价表。

> 培训开始让学员谈他们希望学到什么，培训结束时让他们回顾自己提出的学习目标，并讨论究竟学到了什么。

> 不断提出问题，让学员阐述他们是如何理解概念和方法的，并计划如何在工作中运用它们。

> 每讲完一个单元进行小测验，确保每个学员都掌握了这部分内容。

> 回顾学习结果，让学员证明自己取得的学习成果。

> 培训结束后，让学员用5～10分钟写他们如何运用学习成果以及什么时候用的计划。

> 观察学员返回工作岗位后的工作以及对新技能新知识的使用情况。

> 比较培训前后员工的表现。

> 让学员写下培训中哪些内容对他们的工作最有用，哪些内容最没用。

> 交给学员一项工作任务，要求他们使用学到的新知识新技能。完成任务后，与每位学员讨论其工作的不足，并指明提高的方法。

第四层次效果评价的评价对象不再只是学员本人，还涉及外部环境和组织本身，因此其费用、时间花费和难度都是最大的。

参考资料

1. 许凡丁. 培训评价研究[D]. 天津大学硕士学位论文. 2004.7

2. 众行管理资讯研发中心. 培训需求分析与培训评价[M]. 广州：广东经济出版社，2003

● 职业能力的评价

按照 OECD 的定义，评价是对已完成的或正在进行的项目实施和效果的系统、客观的评价，目的是确定被评价的活动的完成程度、效果和可持续性。评价提供的信息应该是可信和有用的，而且能把从中总结出的经验与未来决策结合起来。评价的基本内容是：

➢ 分析是否达到原先所期望的效果，原因是什么；
➢ 评价特定的活动对效果贡献率；
➢ 检查实施过程；
➢ 分析非预期的效果；
➢ 总结经验，强调成就的意义和潜力，提供改进意见。

职业能力评价是职业教育培训过程中的重要环节，它是在已有的评价标准的基础上进行资料收集并加以分析判断的一个过程，具有两个功能：

➢ 判断学员现有知识和技能与需求或目标之间的差距；
➢ 作为一种工具，用来确定学员学到了些什么，所学知识或技能可以在什么情况下使用。

在能力本位的培训中，评价标准是学员接受培训后期望在工作中达到的能力表现。这一能力要求在课程计划中以学习目标的形式出现。课程计划还应当详细说明每一项内容的学习结果的评价标准、评价条件和评价方法。

1. 能力评价的类型

常见的职业能力评价主要有四种形式，其评价目的和结果有所差别：

诊断性评价

诊断性评价是一种格式化的评价形式，采用收集资料的方法来诊断或识别培训需求或企业影响绩效的因素，目的是诊断其优势、弱势或存在的误区。

比较性评价

特点是识别不同学员在知识和技能上的差距，以保证今后的培训课程内容能满足各种学员的需求。

形式化评价

目的是对学员获得的能力和进步提供反馈信息，帮助他们继续学习，典型的如平时测验。它帮助学员确定是否已经为参加最终的评价做好了准备。形式化评价是一个过程，它能使学员有机会在模拟环境下获得能力，并通过实践和应用所学能力获得信心。格式化评价所获得的资料可用于终结性评价。通过课程学习和参加形式化评价，可以获得成就感和参加终结性评价的信心。

终结性评价

是对能力的总结性评价，适用于评价学员是否有信心、有能力在真实车间或模拟环境下展示自己的能力。终结性评价的结论是评价者对学员作出的最后判断：即该学员是"有能力"还是"无能力"。终结性评价的目的是确定一个人是否获得了职业能力，或者取得了培训所期待的学习结果，适用于资格认证、分类和定级。

2. 对先前所获能力的认可

能力本位的培训着重强调学员在一个时期内各个方面的能力表现和进步，这也意味着，对某项能力的评价可能会是一个过程，即被评价者需要完成一系列工作任务、或者参与一系列工作活动。在这些工作任务和活动中，他应当能够随时随地、时刻准备着成功地展示自己的能力。

无论一个人的知识技能是以什么方式或在什么地方获得的，他所具备的知识技能是应当被认可的，这包括以前所学的知识、工作及生活经验。对这些能力的评价结果是一种资格说明。教师应给所有学员机会，让他们有机会展示这种能力并承认这种能力。

3. 能力评价的原则

能力评价是收集各种资料来公正、客观地确定被评价者的能力。与实施其他所有类型的评价一样，要想保证能力评价的质量，必须考虑一些关键因素的影响，这就需要在评价设计和实施中遵循一些基本原则：

可靠性

评价是客观、可重复的。通过以下方式可提高评价的可靠性：

➢ 用多种方法收集评价所需的数据；

➢ 收集不同时间段和不同情景下的资料；

➢ 同时安排两个以上评价员。

灵活性

即灵活性选择可行的评价方法：

➢ 采用的方法对于学员来说是可操作的；

➢ 无论该项能力是怎样获得、或从那里获得的，都可以得到认可；

➢ 针对具体的能力或学习结果。

资料的真实性

针对被评价者能力表现的资料：

➤ 表现能力的有效资料；

➤ 是新的、与评价目的相关的资料。

评价时还要考虑工作场所和工作单位的局限、时间和成本因素以及评价对提供的服务、产品的质量或工作场地的运作产生的影响。

以上对能力的理解的基础是"社会效率主义"理论，主要按照行为主义理论确定职业教育的目标、设计教学过程并组织教学活动，从而使能力开发具有可操作性。随着技术发展和劳动生产组织方式变革带来的工作性质的革命性变化，这一理论也逐渐暴露出了一些缺陷。

按照新职业主义的观点，职业教育不仅要训练人的机械性的技艺，而且要为个体未来的工作生活做准备。职业劳动是一种与现实工作情境相互作用的活动，而现实工作情境千变万化，具有很大的随机性和不可预知性，所以职业能力不仅包括普遍性的专业知识，更要依靠个体性的职业知识，即工作过程知识。从方法论的角度讲，与专业知识考试和技能鉴定相比，个人的职业能力的证明和确认非常困难，因为要想了解一个人是否具备在困难情境中解决复杂专业问题的能力，只能通过观察法，而观察法恰恰是一种无法准确鉴定社会现实的实证研究方法。因此，我们不可能对职业能力进行准确的鉴定，只能对其进行诊断性的评价。

深入阅读

劳耐尔，赵志群，吉利. 职业能力与职业能力测评[M]. 北京：清华大学出版社，2010

● 教学评价中观察、评价与评分

　　教学评价是收集教学系统各个方面的信息，并根据一定的客观标准对教学及其效果做出客观衡量和判断的过程。从根本上说，它是一种以提高学习效率为目的、为学生终身发展提供服务的发展性评价。

　　合理的教学评价应当体现以人为本的教育思想，建构个体的职业发展途径，尊重和体现个体差异，这对教师来说，也是一个非常重要而且困难的任务。教学评价的基础，是对学生的学习效果和行为方式进行观察、评价和评分，这是一项责任心和科学性都很强的工作，因为：

　　➢ 为了确认学习取得的进步，必须对学习成果和培养目标进行比较；

　　➢ 只有深入了解学生的特点，才能对学生开展有的放矢的教书育人工作；

　　➢ 现代职业教育的重要培养目标——关键能力的评价非常困难；

　　➢ 学习成绩是学生今后找工作时的重要文件。观察和客观的评价结果对所有的参与者（教师、学生和用人单位）都非常重要。

1. 观察

　　观察是对任何一项成果和行为进行客观评价和评分的基础。

　　观察是指由眼睛对物体、过程以及行为方式进行客观地了解的行为。教师可以在多个场合通过多种方式对学生进行观察，如在与学生谈话时、学生自学时、为学生演示技能时、或从学生与其同学、师傅或教师相处的行为中。观察的特点是：

　　➢ 观察必须是客观的，应由多人进行，并对结果进行比较；

　　➢ 观察应当是经常和持续性的，而且在较长的时间段进行；

　　➢ 对偶然事件的观察结果不应立即作出评价；

　　➢ 对观察结果应该有书面记录。

2. 评价

　　评价是按照一个尺度，对一种能力或行为方式进行的质量或数量的描述。这个尺度可以是客观的，也可能是由人的主观价值观所确定的。对能力中的知识和技能点的评价一般用分数的形式表示，也可将此换算成一定的等级，如优、良、中、及格和不及格。行为方式很难用分数来评价。上文提及的观察的特点多数也适合于评价。

　　每一个行业、企业、职业、生产方式和每一种不同目的的评价都要选择合适的评价项目。一般在评价学生或职工的能力和行为时，选择 5～10 个评价项目，常见的有：

- 兴趣/工作的愿望
- 工作质量
- 工作速度
- 工作风格
- 工作主动性
- 思维能力和记忆力
- 合作能力

　　评价项目是开发制定企业评价表格的基础。在使用评价表格之前，一定要有相关的专业、心理和法律条件。

　　当评价活动作为培训教学活动的组成部分时，一般不需要特别考虑评价的程序，如教师在学生练习时就可以进行观察和评价，评价结果直接可以运用于之后的修正错误阶段。

　　评价的一般程序是：

　　第一步　观察：针对评价项目、出现频率和持续时间在不同情境下进行观察；

　　第二步　与标准进行比较：包括分数、权重等；

　　第三步　控制评价结果：与被评价的学生或学员进行反馈性的评价谈话；

　　第四步　对下一步工作产生影响。

　　为了使评价结果尽量能够客观，评价过程应当遵循以下原则：

- 应当将被评价者放在一种特殊的环境中，以反映其本来的个性；
- 利用多种方法甚至辅助手段，以保证评价的客观性；
- 给教师最短观察时间的规定，让教师有足够的时间系统地观察学生；
- 选择评价项目时应针对具体的工作活动，以保证评价结果的相关性；
- 在企业中引入评价表格时，应征求员工的意见和建议；
- 留给评价以足够时间，以避免评价结果的表面化、片面性和主观化；
- 对评价结果应该有书面记录，但应做好保密工作；
- 与每个学生单独讨论评价结果，取得一致认识；
- 利用合适的指标对评价结果进行系统化处理，可得到有可比性的评分。

3. 评分

　　评分是将理想状态或理想的班级的最好成绩作为参照系，对能力或行为方式进行评价，因此是对观察到的成果进行的分析。在计算成绩时，还可以通过确定不同的权重，对评分成绩进行进一步的区分。评价和评分有十分紧密的关系。

如果对大量的学生进行评价，那么多数人的成绩应当接近平均分数，特别高和特别低的分数都应该比较少。正常的评分结果应符合高斯分布图。评价要求过高或过低，都会反映在高斯分布图上。

| 5% | 18% | 54% | 18% | 5% |

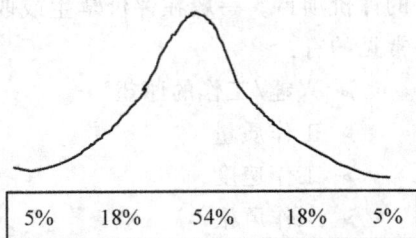

图 7-7　高斯分布图

理想的教学评价应达到以下目的：

➢ 评价结果帮助评价双方（教师和学生）对教学培训活动有全面、客观的认识，从而及时进行处理和调整，获得发展机会。

➢ 为被评价者提供了一个自我展示的平台，鼓励被评价者展示自己的成绩，是鼓励先进、鞭策后进的有效激励手段。

➢ 参与式评价有助于调动学生其内在动机，有助于促进个体建立良好的反思与总结习惯。

➢ 日常化的多元评价内容和灵活的评价方法，清晰而全面记录个体成长的细节，可以起到成长促进作用。

专题八　教学媒体与技术

● 职业教育的教室

　　教室是顺利开展教学工作的重要物质基础，是实现教学目标和师生进行社会活动的重要场所。教室设施布置合理与否，对于学习者的学习过程和学习效果以及最终实现职业教育与培训目标有着十分重要的影响。

　　目前，人们通常采用普通教育中的班级教室。在这种"典型"的教室里，学生坐成整齐的方阵，师生面对面地坐着，教师身后是黑板。它和粉笔、教材教案构成了传统教室的"三大件"。在这种"典型"教学环境中，教师是最活跃的成员，他的任务是传授知识、示范操作、板书、布置作业和监督学习过程等。相对于教师，学生的行为是针对教师的被动反应，他们只需要听讲、看板书、记笔记、回答教师提问和按照要求做事就行了。在这种满堂灌的教学中，学生可以学到一些基本知识，但是由于学生缺乏足够的参与，要想达到较高要求的学习目标，如培养学生对复杂技术过程的分析和理解能力等，就非常困难了。

　　学习心理学告诉我们，只有学习者主动积极地学习，去发现、获得或产生出所希望的学习效果，才能达到较高的学习效率。为此，必须为学习者创造一定的环境条件，其中教室的设计和布置便是很重要的一环。

　　以学生为中心的学习方式需要与之相对应的学习环境，如教室布置、设备配置、师生之间、学生之间关系，等等，凡是与教学活动有关的因素，均应做一定的调整与安排。

　　在以学生为中心的教学中，由于教师的主要工作是主持学习过程，其中讲授

活动较少，而与学生的交流较多。要想达到理想的
教学效果，特别是学习者要最大限度地参与到学习
过程中，班级的人数不宜太多，一般以 30 人以内为
宜。学习者人数太多时，很难保证师生交流的普遍
性，从而影响教学效果。相应的，教室的设计也应
当充分考虑学习者的个体因素，如参与性、互动性
和行为的因果关系等。

如果学生以"非正式座位编排模式"就坐，师生
之间和学习者之间的相互交流则比较容易进行。非
正式座位编排模式有多种形式，如有长方形、圆形
和马蹄形等及其多种变式，它们分别适用于不同的
学习目的和具体环境的要求。

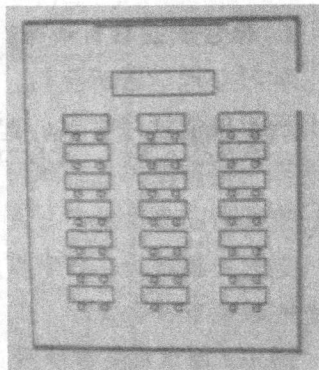

图 8-1　传统教室

1. 长方形编排方式

长方形编排方式是学生相对而坐，教师仍处于学生座位的前方。这种方式特
别适用于讨论课，即在教师的指导下共同讨论问题。这种编排方式的班级一般不
超过 25 人，若超过 25 人，可采用双长方形方式（由于人数过多，影响学习效果，
一般不推荐这种模式），如图 8-2 和图 8-3 所示。

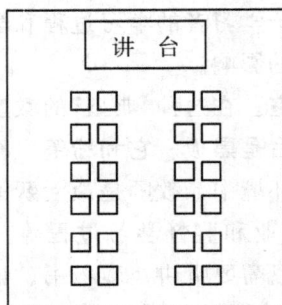

图 8-2　长方形编排方法

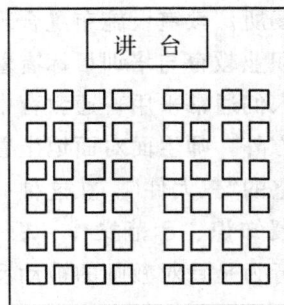

图 8-3　双长方形编排方式

2. 圆形编排方法

圆形编排方式是学生围坐成一个圈形，教师处于教室前方的一角落。这里，
学生有较多的视觉接触和非言语交流机会，利于消除学生的紧张情绪，较适用于
研讨式学习。班级人数超过 25 人时，可采用双圆形方式。这时教师处于教室正
前方，两排圆形的前方有开口端，如图 8-4 和图 8-5 所示。

图 8-4　圆形编排方法　　　　图 8-5　双圆编排方式

3. 马蹄形编排方式

马蹄形编排方式就是学生围坐成一个马蹄形状，教师处于马蹄的开口端（即 U 形，如图 8-6 所示）。在里，学生与教师有较多的视觉交流机会，适用于学生的自学活动。班级人数超过 25 人时，可采用双马蹄形编排方式（即 W 形，如图 8-7 所示）。

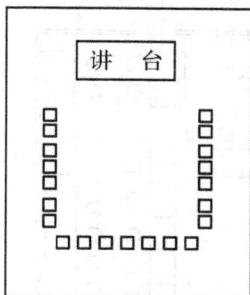

8-6　马蹄形编排方法　　　　8-7　双马蹄形编排方式

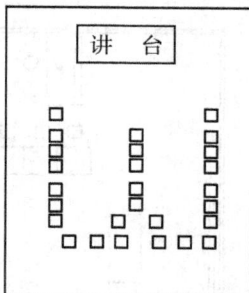

在"非正式座位编排模式"的教室开展的教学，需要一些特殊教具，其中最重要的是张贴板（Pinwand）。可以为张贴板配置一些专门用具，并将其打包到一个文具箱中，其主要配置包括：异形纸（圆形、椭圆和不同尺寸的长方形纸条），记号笔，白板笔，铅笔，转笔刀，订书器（配订书钉），打孔器，尺子，胶棒，图钉，裁纸刀，剪刀，透明胶条，牛皮纸宽胶带等。若条件不允许，也可以用其他设备代替，如白板，大白纸，磁钉（磁扣/磁条）和白板笔等。

深入阅读

苏州市劳动和社会保障局．行为引导型教学操作实务[M]．苏州．2003

● **专业教室**

　　在传统的职业教育中，各门课程内容之间的联系不紧密，这也体现在教室和实验室的分离设置方式上：在教室只能教授理论课，实验室只做实验，实习车间只进行实习。这种刚性思维的结果是：多数硬件设施只具备一种功能，不仅浪费了资源，而且学生在教室—实验室—实习车间之间"来去匆匆"，不但无法实现理论和实践的真正结合，而且割裂了职业工作和学习的整体性。

　　随着科学技术的高度发展，理论学习和实践学习之间的区别越来越不明显。如人们很难说清楚在计算机辅助下进行的数控加工模拟教学是理论教学还是技能训练。传播复杂的技术，要求在作为一般教学环境的教室里，也必须设置一些专门的仪器仪表、设备、模型或挂图表格，从而形成了集理论教学和部分实践性教学于一体的专业教室。图 8-8 所示为可容纳 24 名学员的电子专业教室。

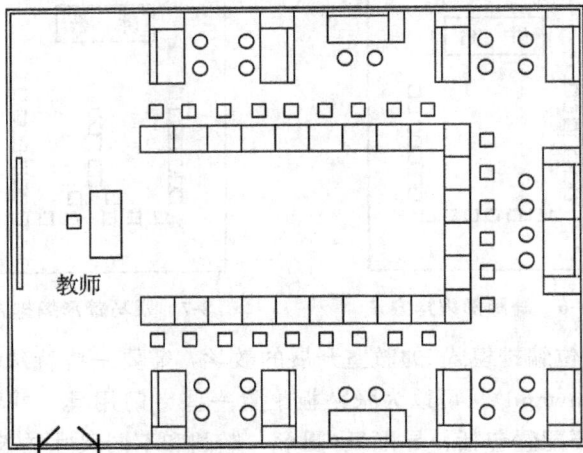

图 8-8　电子专业教室分布图

　　专业教室有以下特点：

　　➢ 学习者按小组就坐，既可以单独，也可以小组作业形式共同完成学习任务；

　　➢ 学习者不一定在相同时间里做相同的事情，可根据自己的情况决定学习进度；

　　➢ 学习者可以和教师一样在教室里活动，具有更多的活动空间；

　　➢ 教师的高度集权被打破，师生之间具有更为融洽的伙伴式的关系，可以最大限度地调动学习者的学习积极性。

专业教室中至少可划分为理论教学区和为每一个学生设置的实践工位。大一些的专业教室还可划分为小组工作区、实验区和实操区等。理论和实践教学合二为一，学生们不再需要上完理论课后，接着再去实验室或实习车间进行实验或练习，从而造成人为的实践与理论的隔阂。

理论教学区可配置各种教学设备和多媒体视听设备，理论课结束后，教师马上能进行演示实验，也可指导学生进行验证实验。如果与项目教学结合起来，学生还可在教师指导下动手操作，甚至进行生产实习。这样，通过理论教学和技能训练结合，学生能够获得完整的行动知识。

在专业教室中设立小组工作区，对培养学生的计划能力、解决问题的能力和团队精神等大有裨益。在专业教室里，按不同能力、兴趣有时甚至是跨专业的学习小组取代了教学班级；班主任也被专业教师所取代。

在设计专业教室时，除了专业技术方面的考虑外，还应当有学习理论方面的考虑。例如，认知学习理论认为，人的智力结构和发展可通过教学得到系统化的促进；在进行学习环境设计时，应当关注个体的认知过程及其对认知结构变化的支持。"工作与学习任务"(简称学习任务)的设计就是选定工作任务，并对其进行教学化处理，将岗位发展或重组成为一种学习环境。专业教室中的学习任务应满足以下要求：(1)反映企业的真实要求；(2)与职业资格的描述一致；(3)采用经验引导型学习；(4)促进团队工作；(5)实现个性化的教育性目标。

建构主义学习理论强调：学习过程要有一定的自由度和开放性，学习者应当能掌握和控制这一过程。学习者只有对工作活动感兴趣，有意识地去体验、运用和构建以上层面的自由，才能实现真正的学习。学习过程受到所在环境的约束，隐含着多种互动与交流。专业教室应当对知识和实践能力的获得提供与真实任务尽量一致的学习情境。

在专业教室建设实践中，还应注意以下三个方面：

➤ 注重综合化和多功能。按照具有职教特色的课程方式建设专业教室，改变了按照学科课程建设实验室的传统做法。如在综合电工电子专业教室中，学生可以对电工基础、模拟电子、数字电子、电机拖动、电工仪表、电子测量等多门课程所涉及的内容进行综合实验和实训。

➤ 先进技术装备与实物仿真相结合。专业教室不是简单意义上的"工厂搬家"。可以采用先进技术和仿真技术相结合的方式。如加工中心专业教室可以采用数控加工机床和小型实物模型相结合的方式，这样投资少、占地小，运行成本也低。

专业教室取代班级教室也有一些缺陷。由于经常变换专业教室，降低了学习者的集体归属感。为了避免这一缺陷，在设计专业教室时，应尽量使理论学习和实践练习在同一个位置进行，使学生有一个较为稳定的学习空间。

与传统教室相比，专业教室占用空间较大，有可能降低教室的使用率，但是却节省了实验室。从教学上讲，专业教室的优势是传统教室无法比拟的。专业教室的建立，对教师的专业素质要求也有很大的提高。单纯的理论课教师和实践课教师都无法单独承担起专业教室里的教学任务。在实践中，在"双师型"教师不足的情况下，可以由理论课教师和实践课教师组成的教师小组承担专业教室的教学任务。

在部分地区和行业，如经济欠发达地区和小型企业占主导地位的行业，应当注意专业教室的建设水平对学生在实际生产环境中的适应能力造成的影响：

➢ 设施设备与企业实际水平相比有较大差距的学校毕业生到企业后，可能需要一定时间学习先进的技术。在这种情况下，学校应尽量多为学生安排企业实习。

➢ 一些条件较好的学校的设施设备有时大大超越了当地技术和经济发展的一般水平，设计相符合的"实习角"，以便让学生体会不同技术发展条件下的解决方案，以尽快适应企业的要求。

● 实践教学场所

　　实践教学场所是职业教育中用于实践性教学的场地。实践工作最终是促进还是阻碍了学习，取决于工作与学习岗位的工作内容和工作方式。在实践教学场所开展的学习，应当同时具有"反思性"和"创新性"特征。一方面，学习者要有机会对工作的结构、环境和自己的行动进行反思；另一方面，只有通过反思性的学习，才有可能实现创新。为了实现这一目标，实践教学的学习任务应当是一系列工作过程完整的、要求全面的综合性的真实任务。在实践教学场所的学习环境设计中，应超越具体的岗位职责要求，全面关注更高层面如企业和个人发展层面的综合性要求。

　　为了使学习更有效，实践教学场所的"学习岗位"应当满足以下条件：①学习者经历一个"问题情境"，即工作内容有一定的复杂性；②有一定的活动空间，即岗位工作具有一定的自由度和行动权限；③可变通性，即工作方式可以或需要根据具体条件作出变动；④完整性，即工作过程结构完整；⑤社会支持，学习者可以获得同事（含教师）支持并与其进行有效沟通；⑥个性化，岗位任务与个人能力有密切的联系；⑦合理性，岗位任务与职业发展阶段有一定的对应关系。事实上，岗位工作最终是促进还是阻碍了学习，取决于范围更广的企业环境因素，如企业文化和生产组织方式等。

　　"实践"包含多方面的含义，实践教学场所的分类方式也有多种，如按照教学的内容，可把实践教学场所分为实习车间、实验室和演示室；按照教学功能的多少，可把实践教学场所分为单一功能和多功能实践教学场所。

1. 单一功能实践教学场所

　　由于多数职业活动都能分解成若干项工作任务（功能），因此可为每个工作任务（功能）设计专门的教学培训场所，形成单一功能实践教学场所，典型的如车工实训车间，这是教育实践中一种常见的形式，它的优点是：

> ➤ 多个专业可使用同一个教学场所，使用率高，降低了整体投资费用；
> ➤ 实习、实验设备既有针对性，又具完整性；
> ➤ 机器、设备和建筑物均有较高的利用率；
> ➤ 由于教学内容较单一，教师可以成为某一方面的专家。

　　单一功能实践教学场所常设置在职业学校或企业外的培训中心，主要用于与企业实际生产有较少直接联系的基本技能训练和新技术培训。它的主要缺陷是：

学生往往只能学习和掌握一些互不相干的独立的专项技能或能力，由于缺少一种可以把这些专项能力综合起来的职业环境，所以很难最终形成实践性强的综合职业能力。

此外，只有在同一专业各个年级的学生数量相当时，单一功能实践教学场所才可能达到较高的利用率。

2. 多功能实践教学场所

多功能实践教学场所是为某个职业(专业)设计的，融该职业全部或多项工作任务(功能)为一体的教学场所。它的突出优点是能将学习场所与工作环境整合起来，学习环境与实际工作情境的一致性较高。在此，教师可以设计一些内容复杂、要求全面的项目任务培养学生的综合职业能力，从而保证职业教育的系统性和全面性。多功能实践教学场所还具有以下特点：

➤ 同专业或工种的学习者共同生产一个产品或维护一套设备，拓宽了学习者的学习领域和职业"功能"，将应用型人才的直接功能(生产)与间接功能(计划、控制、生产、检验和经济核算)联系在一起，能提高学习者的综合素质。

➤ 学习者有机会在高度独立和自我管理的条件下学习；教师不仅仅是提供现成的问题解决方案，而成为生产过程和学习者能力发展的主持人。

➤ 将学习环境扩展成为生产环境，为学习者提供对生产任务、企业的社会过程和整个企业文化环境进行反思的机会。

➤ 可以设计包含一个完整工作过程的工作(学习)岗位，学习者(同时也是工作者)可在不影响他人的情况下，随时打断工作进行学习，真正做到通过工作学习(learning by doing)。由于不存在流水生产线上的时间压力，工作和学习进程有较大的自由度。

➤ 工作岗位上具有独立学习的手段和媒体，如教材、工具书、计算机辅助学习程序以及与专家交流的可能性。

因此，多功能实践教学场所有可能真正为学习者提供职业发展机会，这里的学习目的已不局限于提高某一项工作技能。如果学习者有机会系统解决专业问题，他可以跨越满足具体工作要求的阶段，获得更高层次的专业发展。

在理想状态下，多功能实践教学场所的工作(学习)岗位、学习媒体与劳动生产用具是一致的，包括教科书和其他工具书，企业信息材料，机器设备使用说明，样品和模拟工件，与有关专家以及相同专业(岗位)学习者的沟通手段，如电话等。当然，并不是所有学习内容都可通过自我管理式的学习获得，在专门设置的小组学习区内，也可以开设专门的集中式培训课程。

多功能实践教学场所在设计上已不仅仅是一个专业问题或建筑学的空间塑造问题，而且是涉及职业教学论和职业学等多方面的知识运用。在设计规划多功能

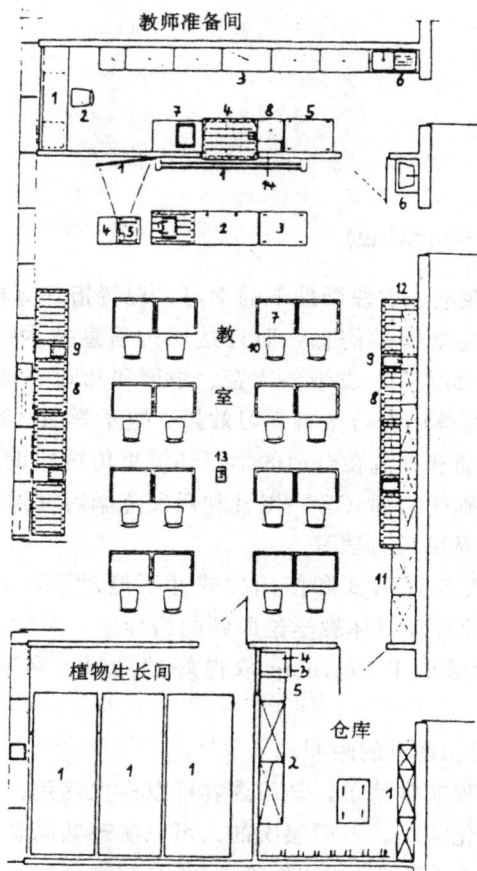

图 8-9　多功能实践教学场所分布图

实践教学场所时应当注意以下几条原则：

➤ 多功能与灵活性：首先要考虑多种教学功能在空间上的相互转换，使有限的空间能够重复利用。要想达到此目的，一般采用活动式的、多功能的、小尺度的教学设备和设施等限定手段来实现。

➤ 空间原则：空间指三个向度（长、宽、高）共 6 个面，可以加以利用，依据特定的教学功能要求，按照学生年龄、已有基础以及师生的生理和心理特点，塑造所希望的活动空间。

➤ 时间原则：按照工作流程（包括物质流和信息流）、人的劳动和作息规律，结合不同专业特征，设计工作和活动进行互换的多功能空间。

● 电子学习与混合式学习

1. 电子学习（E-learning）

电子学习原泛指在电子手段帮助下的学习，现特指计算机辅助学习。它不仅仅是简单地通过互联网络提供信息，而且是通过信息技术提供新的教学设计方法，采用多媒体手段（如文字、图形、声音、录像和动画等）将复杂的事物进行直观化展示，通过多种媒体的结合改善学习效果。电子学习的形式主要包括：

> 通过模拟、互动和交流在合适的学习环境里传授知识和系统化信息；
> 以计算机为基础的培训（CBT）以及利用硬盘学习软件和光盘的学习；
> 基于互联网和局域网的学习。

事实上，仅靠改变媒体形式和使用方式并不能对学习效果产生决定性的影响。只有在一般教学原理和媒体教学论原则的指导下，对学习内容和组织形式进行很好地设计，才能保证 E-Learning 取得好的效果。在职业教育培训中，E-Learning 有以下优点：

> 学习不受时间和地点的限制；
> 记录和重复过程非常简单，学习内容可以多次使用；
> 可以照顾个性化需求，不同层次的人可以实现共同学习；
> 可以将学习与企业管理（如知识管理）结合起来；
> 可以实现"即时"（just in time）学习；
> 学习可以与工作过程进行整合；
> 可以消除对学习的恐惧心理。

E-Learning 也有很大局限性或不足，主要是：

> 学习者首先必须要学会使用各种类型的媒体；
> 高质量的学习媒体太少，而且缺乏 E-Learning 方面的教学专家；
> 市场受制于技术，学习内容的展示方式取决于技术因素而不是教学设计。

先进的 E-Learning 培训系统是 CBT 教学程序、岗位培训以及远程网络教育体系的集成，其特点是：

> 方便资料即时更新、数据分发和共享以及学员之间的交流。
> 通过网络技术，可实现学习者与 E-Learning 教师的交流，甚至师生可以共同设计学习计划，从而避免了传统 CBT 学习程序过于机械和呆板的缺陷。
> 在所有配备计算机的工作岗位上，工作中遇到的问题可以随时通过网络培训中心的学习模块以及教师得到解决。E-Learning 可将工作和学习结合起来，

形成高速、有效的终身学习系统。

➤ 网络教育中心不但是企业和学校（培训机构）交互培训的中介，也为大众打开了通往企业和科研机构知识（特别是实践性知识）的大门。

为满足 E-Learning 的要求，教师应成为知识管理、甚至技术和商业管理的专家，如他们应当了解学习管理系统、电子学习社区、虚拟教室、评价工具和课程制作软件等多种技术产品，甚至了解和区分许多各具特色的下级产品和供应商。

2. 混合式学习（Blended Learning）

混合式学习是指将传统的课堂教学与建立在新兴信息和交流媒体基础上的虚拟学习和在线学习相结合的教学方案，它可以将课堂教学和 E-Learning 的优势系统化地结合起来。表 8-1 为传统课堂教学与 E-Learning 特点比较。

祝智庭等设计了教师信息化教学模式，认为应当以学生为中心，学习者在教师创设的情境、协作与会话等学习环境中充分发挥自身的主动性和积极性，对当前所学的知识进行意义建构并用其所学解决实际问题。

表 8-1 传统课堂在学习 E-Learning 特点比较

传统课堂教学	E-Learning
1. 学习者之间有一定社会联系，组成团队	1. 人们可自由选择学习的方式和地点
2. 交流是全面的	2. 学习者决定自己的学习速度
3. 随时可以进行进一步的讨论	3. 需要准备很好的学习内容，学习方法灵活
4. 所有学习者必须在同一时刻在同一地方学习	4. 可提供简便、个性化的辅导
5. 所有学习者必须以同样的速度学习	5. 学习者之间没有社会关系
6. 所有学习者学习同样的内容，追求共同的目标	6. 需要较强的个人能力

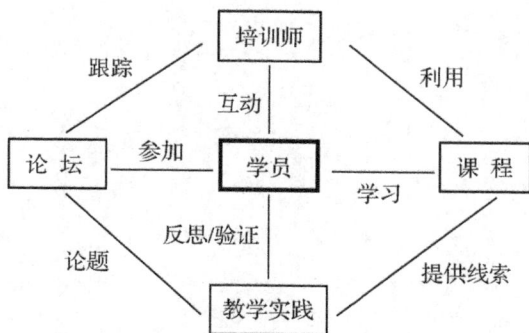

图 8-10 教师信息化教学模式图

　　典型的混合式学习的程序一般为：利用网络学习进入主题—课堂讲解—计算机模拟练习继续深化—讨论—考试。在整个学习方案中，可以提供多种多样的传统教材与网络媒体(网络资源与 CD 光盘)结合的学习资源，如教师教学方法指导工具包、项目教学中学生独立学习时直接使用的练习等。

　　开展混合式学习需要一些特定的支持，这主要包括：

　　➤ 课程内容的支持：包含对课程相关信息的支持以及对课程内容本身的支持两部分；

　　➤ 学习方法支持：包括自主学习方法(如搜索引擎、聊天室和网络课件等)和协作学习的组织与参与方法；

　　➤ 实践教学环节支持；

　　➤ 感情支持，包括学习者之间的和学习者与学习者之间的互动。

深入阅读

黄荣怀等 . 混合式学习的理论与实践[M]. 北京：高等教育出版社，2006

● 远程培训与移动学习

1. 远程培训

传统培训中最常见的是面对面培训，其形式从最初的专家讲座、集体面授发展到现在的参与式和体验式培训，具有灵活、互动、合作和参与的特点。但是面对面培训也受到如时间和物力等方面的限制。面对面培训需要集中的时间段、场地和相关组织机构。学员是否有时间参与培训，组织部门提供的后勤支持是否完备，培训成本是否在可承受范围之内等，都影响着面对面培训的可行性。

基于网络的远程培训可以实现时空分离，借用网络通信技术避免学习者离开本职工作，免去了培训辅助支持工作，也节约了成本，扩大了培训规模。远程培训具有面对面培训所不具有的优势，主要有：

有利于学习者的自主学习

参加培训的人多为在职的成人学习者，其学习特点之一是自主性较强。他们需要自主制订学习计划和选择学习资源。

不受时空限制

远程培训中，学员的大部分时间在自主学习由远程教育机构提供的"学习包"，包括网络课程、学习资源和学习概览等。他们可根据现实情况调整自己的学习时间，还可以参加远程教育机构组织的各种教学活动和助学服务，比如论坛、BBS、远程答疑系统等。学员跟教师、跟其他学员之间的交互可以同步，也可以异步，所以其时间安排更加灵活。

可以提供更加丰富的资源

远程培训的资源来自网络，而网络资源极其丰富。远程教育教师可以事先选择跟学员密切联系的资源，学员也可以自己根据远程教育人员提供的资源链接查找自己感兴趣的资料。有的远程培训机构会构建自己的资源库，供教师使用。

可以有效提高学员间的协作

远程培训具有改变学员专业发展和学习共同体协作学习模式的潜力，能够将不同地域的学员联结起来共同学习，分享经验并面对挑战，协同建构知识。无论何时何地，远程在线学习技术都可以为他们提供专业化的帮助和支持。在具有协作性质的学习共同体中，学员能够通过培训者的引导，协同完成规划、观察、反思分享以及探究等多样化的学习任务，能够促使同伴互助、经验分享、行动学习等学习行为的产生。

远程培训也存在着一些不足。基于网络的远程培训的难点是培训的主客体分离，难以及时进行有效的沟通，特别是一些社会性线索的传达被空间阻断，弱化了以往面对面情境中的认知和情感因素，容易产生双向的误解和不信任。同时，培训者对学员及学习环境的控制力和影响力减弱，使得网络课程的教学设计和学习设计在实施效果方面遇到困难。先前的计算机操作能力和基于网络的学习能力也直接影响学员的自我效能感，导致他们的远程学习动机难以维持在较高水平。

2. 移动学习（M-Learning）

移动学习是借助于无线互联技术和无线终端(如笔记本、PDA、手机)，实现任意时空学习的一种手段。基于移动数据通信技术与互联网开展的移动教育(Mobile Education)实现了教学在任何时间、任何地点进行的梦想，把人们从学习时间、空间和地理位置的限制中解放出来，个性化的学习内容可以极大的提高人们的学习效率。

移动学习除具备远程教育的特征如师生分离、教育机构的影响、技术媒体的运用、师生双向交流、学生以独立学习为主外，还有自己的特点，即学习者可自由、随时随地进行不同目的、不同方式的学习。学习环境是移动的，教师、研究技术人员和学生都是移动的。移动学习由学员(用户)向提供学习内容的商业公司订购，通过无线 PDA 和电子邮件技术的结合来实现。

移动学习在数字化学习系统的基础上，将学习活动的交互性实现从传统基于桌面计算机延伸到手持式终端设备上，因此是移动计算与数字化学习相结合的产物，也是数字化学习的一种扩展。Klopfer 等总结了移动学习的特点：

➤ 学习的便捷性：移动终端设备屏幕小、重量轻、易于携带，人们可以在任何地方或者在一个地方移动中进行学习。

➤ 学习的个性化：根据学习者的个性化要求在适当的时间、地点和情境中为其提供学习内容与学习服务。

➤ 富的社会交互性：与学习伙伴的资源共享和协同学习活动，既可以基于网络也可以是面对面的。移动学习的方法论基础是，移动终端设备可以有效的满足人类内在固有的社会交往需要。

➤ 情境相关性：移动终端设备可以收集并实时响应学习者即时的地点、环境和时间的真实或虚拟的数据。

➤ 互联性：通过移动终端设备可以将学习者连接到一个广泛的学习资源(包括数字化的学习内容和教师、专家和学习伙伴等人力资源)网络中。

目前移动学习的应用模式基本包括三种形式。

➤ 基于短消息的移动学习

　　学习者通过手机等学习终端，将短信息发送到教学服务器，教学服务器分析用户的短信息后转化成数据请求，并进行数据分析、处理，再发送给学习者手机。基于短消息的移动学习的数据通信是间断的，因而不能实现移动学习终端对学习网站的浏览，也难以实现多媒体教学资源的传输和显示。

　　➤　基于连接浏览的移动学习

　　学习者利用移动学习可以实施的形式移动学习终端，经过电信的网关后接入互联网，通过 WAP 协议访问教学服务器，进行浏览、查询和实时交互，类似于普通的互联网用户。这里不但可以传输文本，还可以传输图像信息。

　　➤　基于校园无线网络的准移动学习

　　指可在局部范围(如校园或户外学习区)实现移动学习。从 3G 技术标准之间的争论和产品开发进展看，完全实现连接浏览的移动学习还需要一段时间，但无线局域网络(WLAN)技术相对成熟，可作为准移动学习的实现技术，这也是当前作为校园面授教育的补充移动学习最现实可行的方式。

深入阅读：

1. 李银铃．教师远程培训中在线干预设计[M]．华东师范大学博士学位论文．2008.5

2. 刘小霞．教师远程培训的助学策略研究[M]．上海师范大学硕士论文．2011.5

3. 陈丽．E-Learning 与大学变革[M]．北京：北京师范大学出版社，2007

● 媒体与教学媒体

1. 媒体与教学媒体的概念

"媒体"（英文 media）的原义是"两者之间"，指携带和传递信息的物质工具，如报纸、广播、电视和印刷材料等。媒体最显著的特性，是能够携带和传递信息。媒体的重要性主要体现为它能扩展人们的眼界，增强人们观察事物的能力，提高人们对信息和经验的表现力，改变人们的生活、思想以及人与人之间的关系。

教学媒体是为实现教学目的，在教学过程中介于教师的教与学生的学之间，携带并传递着教学信息的物质工具。它能储存、表达、传递和传播教学信息。在职业教育中，根据在教学过程中的功能，教学媒体可划分为三大类：

➤ 演示手段，是指使抽象、复杂的教学内容变得直观、易于理解的用品，如用于教学演示的机器设备，挂图、模型和工具等。

➤ 工作或学习手段，是学习过程中最重要的信息载体，如教科书、作业册和教学参考书等，包括实验室的仪器、实习车间的生产设备，黑板和计算机等。

➤ 激励手段，教学媒体还可以作为激励手段，用于提高学生学习的积极性。

根据教学功能的划分方法不是绝对的，如许多教学录像片一方面可以引发学生的学习热情（激励手段）；另一方面又提供了信息（学习手段）。按照学生获得信息的感官种类，职业教育的教学媒体还可分为：

➤ 听觉媒体（如机器设备故障噪音的录音）；

➤ 视觉媒体（如图表、使用说明、被处理材料的色泽等）；

➤ 触觉媒体（如服装专业的布料检验）；

➤ 视听媒体（如录像、电影等）；

➤ 嗅觉媒体（如橡胶燃烧的气味）；

➤ 味觉媒体（如烹饪专业食品鉴别品尝）；

➤ 动觉媒体（包括对肢体语言所表达的熟练程度的感觉等）。

2. 教学媒体的作用

教学媒体在教学中的基本作用表现在以下几个方面：

➤ 完成教学任务的手段，能够传递教学信息和收集学生学习的反馈信息。

➤ 影响教学步骤、教学系统结构的改变，形成不同的教学模式，提高教学质量和教学效率。

> 对不同使用者，教学媒体产生不同学习效果，影响学习者的个性形成。
> 影响着教师在教学过程中的作用及其师生之间的关系。

媒体仅仅是教学的组成部分，不能代替教学方法和教学活动方式。媒体的使用也不会自动促进学习。在实践中，教师不但要会选择媒体，更重要的是要会合理地运用。

世界上没有万能的媒体。教师应根据媒体的特性和学生的特点，考虑教学需要，仔细选择或编制媒体。一般情况下，媒体对学生的学习有明显的帮助，但是每一种媒体都有自己所特有的使用范围、条件和方式，综合使用多种教学媒体，教学效果一般比使用单一媒体好。教师受过媒体运用技术的训练，媒体就可能得到更有效的运用。学校建立合乎要求的媒体中心，可以使媒体发挥更好的作用。

3. 选择教学媒体的基本程序

教师在教学中并不是盲目使用教学媒体，或为使用媒体而使用媒体。教师可以按照下面的基本程序来选择媒体：

> 分析目标或设计目标。目标要具体，最好小到一堂课中可以完成。
> 目标分类。根据一堂课中的主要学习成果进行学习范畴的划分，表明是认知型、动作技能型还是情感态度型。
> 列出教学活动。列出一节课师生的全部活动情况。一般是学生年龄越小，课堂教学中就越重视对教学活动的计划。课堂活动中包含着信号的刺激、指导学习、诱导反应、提供反馈四类活动。
> 选择刺激的种类。根据学习目标、教学活动的计划、学习者年龄特征和学习能力等决定每一个教学活动中使用的刺激种类。例如，如果教学目标是引导学生的思考，语言刺激是必要的；如果教学目标是要求学生学习技能，行为示范则比较合适。在选择媒体时可参考表 8-2。
> 列出备选媒体。选定教学活动的刺激类型后，就可列出许多用来实现要求的媒体，给出一个媒体选择范围。
> 理论上最佳媒体的选择。教师不考虑实际情况，只根据媒体选择的基本原理，判断哪种媒体是最佳媒体。
> 最终媒体的选择。根据实际情况，结合以上分析，教师选择实际应用的媒体。

表 8-2　教学媒体与学习类型矩阵选择表

学习类别 教学媒体	学习真实信息	学习直观鉴别	学习原理、概念和规律	学习过程、程序	完成熟练的知觉运动动作	发展期望的态度、观点和动机
静止图像	中	高	中	中	低	低
电影	中	高	高	高	中	中
电视	中	中	高	中	低	中
三维物体	低	高	低	低	低	低
录音	中	低	低	中	低	中
程序教学	中	中	中	高	低	中
演示	低	中	低	高	中	中
印刷教材	中	低	中	中	低	中
口头表达	中	低	中	中	低	中

● 教学材料的编写

教学材料的编写是教师的一项重要工作。每个教师在上课前都要考虑：这堂课我要教哪些内容？用哪些方法？在此基础上，他才可以备课。值得注意的是，与传统的教科书相比，"学材"也是教学材料的重要组成部分，即用于"直接帮助学生学习的学习材料"，这在不同的行业和地区有不同的叫法，如工作页和自学卡片(individual study card)等。备课的一项重要工作，是选择和制作合适的教学材料，包括教材、讲义、学材、PPT 演示课件和工作页等。要想编写和制作好的教学材料，应当做好以下工作：

1. 对教学内容进行结构化处理

较高级的学习形式不再仅仅是以固定的方式去对某一事物做出反馈，而是找到复杂因素间的关联，将来自各方面的信息进行分类和结构化处理，以便最终解决复杂问题。这就意味着，学习的目的是设法在各个单个信息之间建立联系。而这些联系在很多情况下可以通过结构化的处理。结构化学习的优点是：

➢ 学习速度快，记忆效果好；

➢ 可将所获信息在更大范围内进行清晰的归类，减少杂乱无章的单项信息；

➢ 结构化的信息可以帮助人们在需要的时候容易地"唤出"所需知识。

人的学习过程是将单个信息符号从简单到复杂的连接过程，典型的如从词素、词、词组，到句子和文章的学习。这是一个抽象化程度逐渐提高的过程。编写教学材料的首要任务是，将零散的信息进行归类处理，在单个信息之间建立起一种合理的逻辑联系。

教学材料应提供一种体系或规律，帮助学习者对单个信息进行归类。它不仅要帮助人们记忆更多的单个信息，更要人们提供将信息进行结构化处理的工具。

信息的结构化处理的基本方法是将同样或类似的符号进行连接和分组，如图8-11 所示：

图 8-11　符号的连接和分组

结构化处理的重要方式还有水平归类和垂直归类方式。其中，水平归类方式是在相同的抽象化水平上进行的归类，如：

第一级　　　　　　　　　　　　　1. 工业技术

第二级　　　　1.1　生产技术　　　1.2　自动化技术

第三级	1.1.1	成型	1.2.1	调节技术
	1.1.2	切削	1.2.2	数字控制
	1.1.3	热处理	1.2.3	液压控制
	1.1.4	……	1.2.4	……

垂直归类是将那些属于一个"家族"但不在一个相同抽象化水平上的概念进行自上到下或自下到上的归类，如：

交通工具——飞机——客机——发动机——喷气式发动机——叶片

从这些表述可以看出，随着抽象化程度的降低，所表达的事物也越来越具体。

2. 对教学内容的可视化处理

编写教材的下一步，是对教学内容进行可视化处理。可视化可将复杂的关系用多种视觉方式表达出来，使教学内容变得清晰、易懂和吸引人。常用的可视化手段有：

图 8-12　常用的可视化手段

可视化的过程可以分为三步：

第一步：图画表示

用照片或图示表示出具体的行为方式，如使用工具的方式方法等，从而表达抽象的知识。

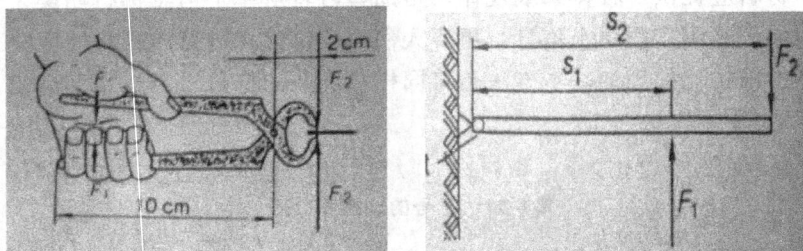

图 8-13　图画表示

第二步：示意图表示

用示意图或模型表达重要的结构和规律。这类图示不一定在所有的细节上与具体的物体或事物一致。

符号表示

即用符号或公式来表达复杂的规律。

$$杠杆原理：F_1 S_1 = F_2 S_2$$

用示意图或模型表达重要的结构和规律。这类图示不一定在所有的细节上与具体的物体或事物一致。

学材常以引导问题（包括文章、图表和信息等）的形式出现，因此也被称为引导课文（德语 Leittext）。在学材的引导下，学生可以设想出最终工作成果并进行自我控制的（独立或小组合作）学习。学材有传统教材无法替代的作用，表现在：

学材是从学生学习的角度来指导帮助学生完成学习任务的工具，它不是传统教材的替代品，而是传统教材的进一步发展，它甚至可以指导学生在使用传统教材方面取得更好的学习效果：学生按照学材的要求，从传统教材及其他专业技术中找到所需要的信息，并完成学习任务，因此，它不仅促进了有目的的学习，调动了学生学习的积极性，而且可以帮助学生从实际经验和书本抽象的描述中构建自己的知识体系，实现理论与实践学习的统一。

深入阅读：

赵志群．职业教育工学结合一体化课程开发指南[M]．北京：清华大学出版社．2009

作者简介

　　赵志群，1966 年生，德国不来梅（Bremen）大学博士，北京师范大学职业与成人教育研究所所长，教授，博士生导师。兼任中国职业技术教育学会教学工作委员会副主任，教学过程研究会主任；人力资源和社会保障部专家咨询委员会委员；国际现代学徒制研究网络（INAP）理事，亚洲职业教育研究会（AASVET）执行理事。主要研究领域为职业教学论、国际职业教育研究和职业教育教师专门化。主要著作有《职业教育工学结合一体化课程开发指南》（清华大学出版社）、《职业教育与培训学习新概念》（科学出版社）、《Berufspädagogen in China auf dem Weg zur Professionalität》（Bertelsmann）、《Assuring the Acquisition of Expertise》（外语教学与研究出版社）、《职业能力与职业能力测评—KOMET 理论基础与方案》（清华大学出版社）和《TVET Teacher Education on the Threshold of Internationalisation》（InWent/UNESCO-UNEVOC）。另有百余篇学术论文发表。

　　白滨，1977 年生，博士，北京师范大学职业与成人教育研究所教师，硕士生导师，英国政府奖学金获得者，亚洲发展银行顾问。曾参与多个跨国合作与重要国际组织的科研项目，发表英文学术论文 10 余篇。主要研究领域为工作场所的学习、远程教育以及职业教育的教育技术。